QU'EST-CE QU'UNE UTOPIE ?

COMITÉ ÉDITORIAL

*La liste des ouvrages publiés dans la même collection
se trouve en fin de volume*

CHEMINS PHILOSOPHIQUES

Collection dirigée par Roger POUIVET

Jean-Marc STÉBÉ

QU'EST-CE QU'UNE UTOPIE ?

Paris
LIBRAIRIE PHILOSOPHIQUE J. VRIN
6, place de la Sorbonne, V^e
2011

J.-J. WUNENBURGER, *L'utopie ou la crise de l'imaginaire*, p. 60-66
© Paris, Éditions J.-P. Delarge, 1979

© *Librairie Philosophique J. VRIN,* 2011

Imprimé en France

ISSN 1762-7184

ISBN 978-2-7116-2341-9

www.vrin.fr

QU'EST-CE QU'UNE UTOPIE ? *

Seul l'homme a la faculté de concevoir l'idéal et d'ajouter au réel.
[…] Pour que la société puisse prendre conscience de soi et
entretenir, au degré d'intensité nécessaire, le sentiment qu'elle
a d'elle-même, il faut qu'elle s'assemble et se concentre. Or, cette
concentration détermine une exaltation de la vie morale qui se traduit
par un ensemble de conceptions idéales où vient se peindre la vie
nouvelle qui s'est ainsi éveillée […]. Une société ne peut ni se créer,
ni se recréer sans du même coup, créer de l'idéal [1].

CE QUE N'EST PAS UNE UTOPIE

À trop vouloir élargir le concept d'utopie comme cela se produit souvent aujourd'hui, tout du moins dans la pensée ordinaire, on court le risque d'en faire une notion informe, floue, renvoyant *in fine* à une activité imaginaire universelle sans véritable commencement historique, ni achèvement

* Je tiens à remercier chaleureusement mon collègue et ami Hervé Marchal qui a participé à la maturation intellectuelle de cet ouvrage. Sans sa collaboration, celui-ci n'aurait pas pu voir le jour.

1. É. Durkheim, *Les formes élémentaires de la vie religieuse*, Paris, PUF, 1994, p. 602-603.

possible. Aussi est-il important de préciser ce que n'est pas une utopie afin d'éviter d'y voir une sorte de notion indécise et de ne pas rester dans l'incapacité de répondre à la question posée ici pour commencer : qu'est-ce que n'est pas une utopie ?

Une utopie n'est pas un mythe

Si la pensée mythique et la pensée utopique renvoient à une faculté humaine, tellement humaine, d'imaginer et de rêver, il reste que la première ne peut être confondue avec la seconde dans la mesure où l'univers mythique se montrant complexe, dense et polyvalent, préfigure l'imaginaire utopique, se définissant comme une manière plus spécifique, fermée et rationnelle de produire du rêve et du sens. De ce point de vue, la pensée mythique épaisse et plurielle contient en germe les utopies ultérieures et en révèle les conditions de possibilité, sans s'y réduire.

Contrairement à l'utopie, production individuelle qui se présente comme une œuvre évaluée socialement pour devenir parfois l'objet d'une adhésion parmi d'autres représentations concurrentes[1], le mythe est intrinsèquement un fait social de nature collective. Mieux, il est un «fait social total» pour parler comme Marcel Mauss[2], c'est-à-dire un fait qui a des

1. De ce point de vue, nous ne pensons pas que le régime de l'imaginaire utopique puisse être comparé à une «mentalité souterraine» comme l'écrit J.-J. Wunenburger : s'il l'était, il se serait alors imposé tel un Léviathan spirituel, un *pattern* culturel qui aurait irrigué l'ensemble de la société (*L'utopie ou la crise de l'imaginaire*, Paris, Delarge, 1979, p. 77). Or, comme le rappelle T. Paquot, « les contemporains des utopistes ne s'en soucient guère. La majorité d'entre eux les ignorait et seule une petite minorité s'en inspirait, sans toujours l'avouer, afin d'améliorer quelque peu l'ordinaire » (*L'utopie ou l'idéal piégé*, Paris, Hatier, 1996, p. 70).

2. M. Mauss, *Sociologie et anthropologie*, Paris, PUF, 1993, p. 274.

conséquences sur la totalité de la société et de ses institutions au sens large. En effet, le mythe est l'objet de croyances d'autant plus prégnantes et totalisantes qu'il est consubstantiel aux institutions des sociétés archaïques qui n'oublient pas de le faire partager et de le transmettre *via* de multiples rites destinés à respecter le schéma originel d'organisation du Monde. Il s'infiltre dans la totalité des institutions sociales qui le produisent et le supportent, pour les nourrir en retour en rhétoriques de légitimation. Alors que le mythe étaie, renforce et justifie les structures mentales et sociales existantes, l'utopie se structure autour d'une fiction démystifiante qui fait naître une attitude sceptique, un soupçon à l'égard de l'ordre existant. «Ce que le mythe justifie, l'utopie le conteste et le consume» écrit à ce propos Jean-Jacques Wunenburger[1].

Dans *Enfance et société* paru en 1966, Erik Erikson notait fort justement, dans une visée plus actuelle cependant, que le mythe

> n'est pas un mensonge. Il est inutile d'essayer de montrer qu'il n'a pas de base dans les faits ni de proclamer que sa fiction est truquée et n'a pas de sens. Un mythe mêle à la fois le fait historique et la fiction significative d'une façon telle qu'il «sonne juste» à une certaine époque ou dans certains pays, causant de pieux émerveillements ou des ambitions passionnées. Les gens qui en seront touchés ne poseront pas de questions sur la vérité ou sur sa logique[2].

Cette observation d'Erikson est d'autant plus pertinente ici que le mythe archaïque apporte une caution divine au sens de la vie : il évite ainsi de se perdre en conjectures et de se laisser

---

1. J.-J. Wunenburger, *L'utopie ou la crise de l'imaginaire*, *op. cit.*, p. 23.
2. E. Erikson, *Enfance et société*, Neuchâtel, Delachaux et Niestlé, 1966, p. 212.

envahir par l'insignifiance de l'existence humaine. Le mythe pour l'homme archaïque est réel; ce qui ne l'est pas, c'est le monde profane en dehors de la réalité absolue. Mais plus encore, comme le rappelle Mircea Eliade[1], « [le monde profane] ne constitue pas à proprement parler un "monde"; il est "l'irréel" par excellence, le non-créé, le non-existant : le néant ».

Là où l'utopie résulte d'esprits éclairés se situant au-dessus du peuple, le mythe sert bien plus à traduire dans un langage accessible, commun, ordinaire, l'ensemble des réponses dont une société a besoin pour faire face à ses questionnements de sens. Le mythe n'est efficace qu'autant qu'il parvient à maintenir parmi les membres de la société la conscience diffuse de participer à son immortalité, tout en intégrant au patrimoine commun les acquisitions nouvelles. Le mythe vise à respecter un passé révolu mais vénéré; il nie son origine humaine pour arborer tous les atours d'un récit divin ou suprahumain. C'est pourquoi l'homme archaïque ne connaît pas d'acte qui n'ait été posé et précisé antérieurement par un Autre, Autre qui n'était pas un homme. Le récit mythique *sacralise* le réel si bien que celui-ci *est* absolu, véritable création à l'origine des choses[2]. Or, c'est un fait universel que les hommes projettent sur le Monde des représentations inventées par eux-mêmes, ce qu'assume à sa manière l'utopie en tant que rêve et fiction nés de l'esprit humain[3].

> Il n'est pas à craindre que jamais les cieux se dépeuplent d'une manière définitive; car c'est nous-mêmes qui les peuplons.

---

1. M. Eliade, *Le mythe de l'éternel retour*, Paris, Folio Essais, 1989, p. 110.
2. *Ibid.*, p. 16.
3. Cf. *infra*, p. 21.

Ce que nous y projetons, ce sont des images agrandies de nous-mêmes. Et tant qu'il y aura des sociétés humaines, elles tireront de leur sein de grands idéaux dont les hommes se feront les premiers serviteurs [1].

Alors que les utopies se limitent à des expérimentations ou à des descriptions anonymes d'un modèle social, les mythes mettent en scène des héros, des ancêtres fondateurs de pratiques et de lois, des figures à l'origine du Monde, de la Nature, de l'Homme. Dès lors, il s'agit d'actualiser sans cesse, dans un temps « cosmo-bio-social » [2], les faits et gestes des êtres primordiaux, de reproduire fidèlement le scénario originel. Si avec l'utopie, il est question d'inventer un film – quand bien même celui-ci se réfère à une « nécessité », dirait Platon – avec le mythe, le film est déjà produit, à jamais, telle une Idée manifestée au moment de sa fondation qui ne peut aller qu'en s'affaiblissant au fil du temps, étant donné qu'elle n'existe qu'à travers l'action d'êtres humains faillibles. L'univers mythique, pour se perpétuer dans une répétition tant désirée et vécue comme cruciale, n'accepte ainsi aucune sorte d'éveil de la conscience individuelle, aucun libre arbitre, aucune plongée dans l'historicité, et encore moins dans l'irréversibilité. La vie humaine doit être ici une réplique la plus conforme possible à ce qui a été énoncé par une instance encore plus puissante que les Dieux eux-mêmes. L'objectif n'est d'aucune façon

---

1. É. Durkheim, *Les formes élémentaires de la vie religieuse, op. cit.*, p. 614.

2. Le temps « cosmo-bio-social » se caractérise par un « accord simultané entre les forces divines qui président à l'ordre du monde, les forces qui agissent dans le développement de la vie individuelle et sociale, et celles qui régissent directement les rites et les réalisations collectives », H. Barreau, *Le temps*, Paris, PUF, 2009, p. 58.

d'insuffler un nouvel état d'esprit, de créer un nouvel ordre holistiquement organisé ; il s'agit bien plus de rester au plus près d'un état de pureté, c'est-à-dire de fidélité au mythe fondateur – à l'origine de l'origine. La perfection mythique n'accepte aucun autre référent, elle verrouille définitivement le sens – si tant est que cela soit possible – à travers l'application pratique de multiples rites de consécration : façon de limiter au maximum l'inévitable altération du moment primordial.

Les mythes ont à n'en pas douter une fonction politique essentielle dans le sens où, comme l'a montré Maurice Godelier[1], ils permettent sûrement à une société de se maintenir, de se stabiliser et d'assurer la persistance de ses règles, de ses normes et de ses valeurs. C'est dire si une société, comme le soutient Cornelius Castoriadis[2], ne se réduit pas à ses composantes matérielles mais se structure en se dotant d'un ensemble de représentations imaginaires qui relient les hommes entre eux et donnent sens à leur action. Sur un plan plus fondamental, le mythe relève de la condition humaine puisqu'il permet aux êtres humains de se repérer dans l'espace (proche et lointain), de se situer parmi les autres et de trouver des réponses insondables aux questions de sens qu'ils se posent nécessairement en tant qu'êtres dotés de conscience. Dans les termes de Paul Ricœur[3], on pourrait dire que les mythes – et les identités qu'ils sous-tendent – sont des « intrigues », au sens où ils agencent des faits dans un récit structuré et parviennent ainsi à vaincre la diversité originelle

1. M. Godelier, *Au fondement des sociétés humaines*, Paris, Albin Michel, 2007.

2. C. Castoriadis, *L'institution imaginaire de la société*, Paris, Seuil, 1975.

3. P. Ricœur, *Soi-même comme un autre*, Paris, Seuil, 1991.

du monde pour l'intégrer dans un ordre globalisant et finalisé de la fiction mythico-identitaire, laquelle se montre au demeurant toujours soucieuse de se démarquer des autres.

Une utopie n'est pas un messianisme

Issue du mythe, l'utopie est née d'un *travail social de reconfiguration* de l'univers mythique, travail qui n'a pu se faire, 1) qu'en lien avec l'émergence il y a 2 500 ans dans la Grèce antique d'une pensée philosophique rationnelle à même de dessiner les contours géométriques et quasi scientifiques des premières cités idéales [1], mais aussi 2) qu'en étroite relation avec une pensée stoïcienne donnant à la ville une réalité distincte, la concevant comme un symbole réel de l'espace cosmique et rompant ainsi avec les transcriptions qui ne font de la réalité urbaine qu'une simple expression du paradis archaïque – de ce point de vue, plus que *La République* de Platon, c'est peut-être la cité idéale de Zénon de Cittium qu'il faut retenir comme principale figure pré-utopique [2]. Cela étant précisé, le recours au logos, à la raison, a permis l'affranchissement de l'individu par rapport à l'ordre intangible du mythe. Comme la philosophie, l'utopie, *forme rationnelle de l'imaginaire*, déchire le voile que le mythe ancestral pose sur le Monde et conteste la pesanteur de modèles politico-sociaux inégalitaires et conservateurs. Preuve en est que la cité idéale platonicienne est fondée par un être humain à l'âme rationnelle éveillée et émancipée de la tyrannie du passé, être seul capable de s'élever au niveau de l'intelligible, d'accéder sagement à

1. Cf. *infra*, p. 31 et 38 *sq*.
2. J.-J. Wunenburger, *L'utopie ou la crise de l'imaginaire*, *op. cit.*, p. 53-58.

l'immortalité des Dieux, de réintégrer l'homme dans l'harmonie du Cosmos et d'assumer, grâce à sa volonté et à son attrait pour la sagesse, la recherche de lois primordiales en vue de fonder les meilleures institutions. À la fois en continuité et en rupture avec les grands questionnements mythiques, la réflexion philosophique, en effet, permet à l'individu de disposer d'un élément spirituel nouveau (la Raison) pour reconfigurer, voire « défigurer » en partie le mythe initial, entendons le bouleverser et le mettre en suspens un instant durant lequel la variation, le choix et la décision individuels deviennent envisageables, mais aussi et peut être surtout le doute, la peur et l'angoisse… Aussi comprenons-nous mieux pourquoi Adimante répond à Socrate que le philosophe est étranger à la cité mythique, « bizarre, inutile comme une graine venue d'ailleurs »[1].

Comme l'utopie et la philosophie, le messianisme ou le millénarisme[2] apparaît lui aussi en rupture avec le mythe. La pensée messianiste est née de la marche d'Israël vers la Terre promise et de l'attente du Messie, celui-ci étant censé être issu de la descendance royale de David. Le temps n'est alors plus cyclique comme dans l'imaginaire mythique, mais un flux continu irréversible, un progrès, une marche en avant vers le bonheur absolu : l'horizontalité succède à la verticalité, le temps s'aplatit le long d'une ligne si bien que la linéarité dynamique s'arrache à la circularité statique. À l'inverse du temps propre au mythe entièrement tourné dans son présent vers le passé comme si l'actuel était refusé – et il l'est dans une

1. Platon, *La République*, Paris, Gonthier, 1966, VI, 487d, 499b et VII, 520b.

2. Le millénarisme est la croyance en un règne de mille ans du Messie, *cf.* sur ce point, N. Cohn, *Les fanatiques de l'apocalypse*, Paris, Juilliard, 1962.

certaine mesure – le temps est ici, dans la pensée messianiste ou millénariste, un vecteur de perfectionnement débouchant sur la réalisation de la promesse divine de donner à l'Homme un paradis à sa portée. La plongée dans l'irréversibilité temporelle est d'ailleurs supportable parce qu'elle sera abolie par le Messie ou l'Élu : « L'homme peut atteindre le bonheur sur terre s'il sait attendre car chaque instant le rapproche de l'échéance fixée par Dieu »[1]. Le temps ne tourne plus sur lui-même comme dans une spirale qui ne parvient pas à s'étirer, il se déroule sur un axe placé devant soi à l'issue incertaine. Aussi la logique messianiste est-elle à l'origine d'une conception nouvelle de la cité qui n'a plus besoin d'être un tracé reflétant parfaitement le schéma primordial du Monde. Libérée des frontières pensées comme l'expression du mythe de fondation, la cité est désormais animée par des hommes de bonne volonté et devient la scène d'un dynamisme nouveau ou plutôt d'une espérance : celle du salut de chaque homme suite à l'avènement du Christ à la fin des temps. La cité s'ouvre du fait du libre arbitre qui a fait sauter le verrou de la tradition, du fait de la moindre importance des rites mythiques aux yeux d'individus prêts à assumer avec d'autres « élus » la part de l'homme dans le contrat de la promesse divine.

Si le messianisme se distingue du mythe, il reste que sur bien des points il diffère également de l'utopie. À l'opposé de celle-ci figée dans un éternel présent, les mouvements messianistes ou millénaristes sont engagés dans une répétition obssessionnelle de la quête de la Terre promise, de l'avènement d'une ère synonyme de mieux-être absolu ou d'une peur de l'apocalypse, comme ce fut le cas par exemple pour Thomas Müntzer en 1520, lequel voyait la fin des temps dans

1. J. Servier, *Histoire de l'utopie*, Paris, Gallimard, 1982, p. 50.

la conquête du monde par les Turcs, après quoi les Élus se soulèveraient et extermineraient les ennemis de Dieu. Cette idée d'extermination est complètement étrangère à l'imaginaire utopique, si bien que nous sommes ici en présence d'un des principaux termes d'opposition entre utopie et millénarisme[1].

En outre, contrairement à l'utopie, le messianisme ne renvoie pas à un ordre immuable défini par des princes philosophes ou des intellectuels éclairés au service de leurs dirigeants, proches du pouvoir mais sans pouvoir comme l'étaient Platon, Thomas More ou Tomaso Campanella[2]. Les millénarismes sont le fait de messies certains d'être l'objet d'un choix divin. À travers ces mouvements conduits par des hommes se substituant à Moïse ou croyant incarner l'Esprit saint au même titre que le Christ (Tanchelm en 1110, Eudes de Troie en 1135, Savonarole en 1491), se joue une véritable lutte des classes. D'ailleurs, remarque Jean Servier[3], comme toute pensée révolutionnaire, le marxisme et le proudhonisme sont davantage issus du millénarisme que du régime utopique : le marxisme attendant la fin du monde et le proudhonisme préparant les Élus à vivre en toute liberté dans la Cité des Égaux. Avec le marxisme, l'utopie est congédiée car inféodée aux promesses d'une philosophie de l'histoire qui se veut science historique. L'imagination d'un ailleurs est ainsi confisquée par un rationalisme idéologique. La volonté de rêver d'un monde idéal est emportée par un déterminisme historique qui prévoit l'entrée dans un autre mode de production, le communisme opposé au capitalisme. Contrairement à la théorie classique de Karl

---

1. J. Servier, *L'utopie*, Paris, PUF, 1993.
2. Cf. *infra*, p. 26.
3. J. Servier, *Histoire de l'utopie*, *op. cit.*

Mannheim[1], l'idéologie, fondée en l'occurrence sur un déterminisme historico-économique, n'apparaît pas comme une pensée conservatrice à laquelle il faudrait une dose d'utopie pour être novatrice. L'idéologie est ici contestation en elle-même et rejoint sous diverses déclinaisons ce que Wunenburger appelle les « utopies d'altercation »[2] renvoyant, dans la philosophie marxiste, à une foi dans un finalisme historique débouchant sur un ordre social idéal. Dans ce sens, c'est l'idéologie qui sollicite l'utopie, et non l'inverse, d'autant plus que l'idéologie a besoin de l'utopie pour gagner en crédibilité et se diffuser.

En plus de permettre une expression de la haine des riches par les pauvres comme dans le marxisme, les millénarismes ou les messianismes donnent l'espoir aux plus démunis d'être les artisans de la justice de Dieu ici-bas, de préparer son règne en purifiant la terre de ceux qui en ont trop profité[3]. Nombre de révolutionnaires ont cru et croient encore à la pureté mystique du Peuple et ont œuvré (ou œuvrent) pour le bien de l'humanité. Les utopies, elles, ne se situent pas sur le même plan : loin de toute pensée révolutionnaire, de toute idée de régénération de la société par la seule vertu mystique du peuple, elles reflètent les aspirations de la bourgeoisie et de l'aristocratie partageant un même refus de la violence. C'est dire si les utopies ne s'inscrivent pas dans un rapport social confictuel, comme l'exprime, entre autres, le choix explicite d'Étienne Cabet pour le pacifisme : « Si je tenais une révolution dans ma main, je la tiendrais fermée, quand bien même je devrais

---

1. K. Mannheim, *Idéologie et utopie*, trad. fr., Paris, Éditions Marcel Rivière, 1956.

2. J.-J. Wunenburger, *L'utopie ou la crise de l'imaginaire*, *op. cit.*

3. N. Cohn, *Les fanatiques de l'apocalypse*, *op. cit.*

mourir en exil, écrit-il dans *Voyage en Icarie* »[1]. À cet égard, soit les utopies séparent strictement les classes sociales par des frontières matérielles et décident qu'aucune sorte de compétition n'existe entre les citoyens comme c'est le cas dans de nombreuses utopies de la Renaissance, à commencer par celles de Leonardo da Vinci ou encore de Leon Battista Alberti, lequel, à la suite de Platon et de sa République, reprend une division entre classes socio-professionnelles séparées les unes des autres par trois enceintes concentriques ; soit, au contraire, les utopies mettent en avant une société égalitaire théâtre d'une réconciliation entre dominés et dominants.

Force est de constater que, contrairement aux utopies, les millénarismes ne nient pas le monde existant, les inégalités et les conflits pour envelopper *in fine* la société dans un drap de perfection. Là où les utopies réhabilitent l'image d'une mère pacifique remplacée par une société juste, les millénarismes reprennent l'image d'un père puissant qu'ils recouvrent d'un mépris né de la condition sociale de subalterne de ceux qui les promeuvent. Ces derniers, qui se sont pris pour des messies, appartiennent, note Norman Cohn[2], aux couches inférieures de l'*intelligentsia*. Il s'agit de représentants du bas clergé, de prêtes en rupture de paroisse, de moines fuyant leur monastère, de clercs issus d'ordres mineurs ou encore d'artisans et de petits fonctionnaires ayant accédé à la culture.

Par ailleurs, alors que les utopies mettent en scène des cités radieuses à la vie frugale strictement réglementée et fondées sans qu'interviennent un quelconque processus historique

---

1. Cité dans D. Desanti, *Les socialistes de l'utopie*, Paris, Payot, 1970, p. 301.

2. N. Cohn, *Les fanatiques de l'apocalypse*, *op. cit.*

ou la moindre promesse divine, les millénarismes veulent instaurer un royaume cautionné par un contrat divin réhabilitant la dignité des pauvres, royaume dans lequel il est question de jouir sans modération de tous les biens de ce monde. Tous les messies se sont crus en outre autorisés à étendre leurs visions du monde à l'humanité tout entière, à universaliser leur message, à partager avec tous les autres Élus de la terre leur culpabilité de ne pas vivre selon la loi divine. Loin de vouloir se propager à la terre entière et donc de changer le monde comme cela a trop souvent été dit, les utopies, quant à elles, s'enferment dans des cités radieuses repliées dans des enceintes concentriques, dans des îles fortunées où l'ouverture au monde est le dernier des soucis. Le sentiment d'appartenir à l'humanité ne prévaut pas chez l'utopien, soucieux qu'il est d'éviter les contacts perturbateurs. Loin de lui l'idée de s'engager dans une vie de saint, de héros ou de martyr par amour de l'humanité. De ce point de vue, et pour reprendre des problématiques actuelles, on pourrait parler d'un nationalisme (ou d'un localisme) méthodologique utopiste et d'un universalisme méthodologique millénariste : alors qu'ici prévaut un souci de penser local, là domine une volonté de penser global. Il faut rappeler dans ce sens combien la cité idéale platonicienne, qui est certainement le véritable acte inaugural de l'imaginaire utopique, ne cherche pas à dominer d'autres villes. Repliée sur elle-même à l'intérieur des terres, isolée du reste du monde au milieu de l'océan, elle revendique une vie paisible à l'abri des richesses drainées notamment par l'Orient. Soucieuse d'organiser la vie humaine à partir de lois justes seules à même de libérer les âmes régénérées et de faire le bien du peuple, la cité utopique se veut la garante d'une vie harmonieuse, d'une existence tournée vers l'amour de la sage vérité, de ce qui relève des essences éternelles. La première ville utopique de l'histoire, qui s'est s'arrachée au mythe pour assumer son heureuse origine humaine, se tient à l'écart de la souillure du monde sensible, des basses œuvres des corps voués à la putréfaction, pour édicter de façon péremptoire des lois destinées à se protéger « de la croûte épaisse et grossière de terre et de pierre qui vient de ces bienheureux festins, comme on les appelle »[1]. Néanmoins, les utopistes du XIXᵉ siècle (Charles Fourier notamment[2]), pénétrés de l'esprit des Lumières et donc de la croyance en des règles valables pour tous les Hommes, auront une visée universaliste dans leurs écrits. Saint Simon, qui n'a jamais écrit d'utopie mais qui tient dans l'histoire de l'imaginaire utopique une place centrale étant donné qu'il a dans ses rêves inauguré une foi dans la science, n'hésite pas à affirmer qu'il fera de la terre un « paradis » fondé sur une nouvelle religion, celle de Newton[3]. L'Humanité élira alors démocratiquement un Conseil de Newton constitué de douze savants et neuf artistes, et aura pour vocation de veiller, pétri qu'il est de sage connaissance, au bon fonctionnement organique de la société.

Très loin de ce qui sous-tend les millénarismes ou les messianismes, l'utopie procure d'une façon générale une sorte de bonne conscience aux nantis de ce monde : elle est une façon de sublimer un fort désir de changement à travers la construction littéraire d'une société idéale. En d'autres termes, elle peut être vue comme

> l'expression des aspirations d'une classe sociale parées de toutes les séductions d'un rêve compensateur, la cité radieuse est une société close où la science, le progrès des techniques

---

1. Platon, *La République*, *op. cit.*, 612a.
2. Cf. *infra*, p. 76 *sq.*
3. Cité dans T. Paquot, *L'utopie ou l'idéal piégé*, *op. cit.*, p. 11.

protègent une humanité privilégiée des maux séculaires qui jusque-là l'ont affligée : guerre, famine, chômage ou labeur épuisant[1].

De nature onirique, la cité radieuse ignore les problèmes du siècle, elle est une île enchantée miraculeusement préservée des bassesses humaines. Parce que le souci à l'origine des utopies n'est pas, contrairement aux millénarismes, d'inciter au conflit et de réveiller les viles passions humaines, mais d'approcher et de réaliser si possible un art de la conjugaison en vue d'harmoniser d'une façon ou d'une autre les contraires, voire de les supprimer purement et simplement, il est impossible de suivre Mannheim[2] lorsqu'il prête aux utopies une volonté d'ébranler l'ordre des choses, même si elles peuvent bien évidemment être considérées comme des critiques de la société à un moment donné.

De fait, les utopies ne peuvent être confondues avec aucun dogmatisme religieux même si toutes les utopies se sont voulues religion de l'homme, dans la mesure où elles proposent – imposent ? – une finalité à la vie humaine. De Platon à Saint-Simon, de More à Fourier, l'utopie a été la traduction de bien des volontés réformatrices qui y ont trouvé la vision rassurante d'un avenir fondée sur un rêve, une fiction humaine, un ailleurs imaginé. L'utopie est la Cité de l'Homme par excellence, « et elle n'est que cela, insiste Servier[3], indifférente à toute pensée religieuse, si l'on écarte un certain christianisme, présent dans certaines d'entre elles, dicté par la censure du conscient et les impératifs de certaines époques ». Loin d'être une réplique de la Cité de Dieu augustinienne, la Cité idéale

---

1. J. Servier, *Histoire de l'utopie*, *op. cit.*, p. 154-155.
2. K. Mannheim, *Idéologie et utopie*, *op. cit.*, p. 225-229.
3. J. Servier, *L'utopie*, *op. cit.*, p. 14.

vise à établir le règne de l'homme sur terre dans une sorte de vide métaphysique : le bonheur est ici avant tout terrestre même s'il peut renvoyer à un archétype céleste comme dans la République de Platon – précisons toutefois que les « formes » platoniciennes ne sont pas astrales, bien que leur région mythique se situe sur des plans supra-terrestres [1].

Cela étant, François Laplantine [2] a montré combien l'utopie et le messianisme présentent des traits communs en tant que modalités de l'imaginaire collectif puisant dans l'imaginaire religieux en temps de crise, de doute et d'angoisse relative au sens de l'aventure humaine : 1) toutes deux instaurent une rupture par rapport au présent et à la vie quotidienne ; 2) elles contestent la société établie, jugée sinon insupportable, du moins malfaisante à l'égard du plus grand nombre ; 3) elles proclament une vérité dogmatique, ou du moins considérée comme justifiée par des instances supérieures ; 4) utopies et messianismes rejettent *in fine* l'Histoire pour penser sa fin, pour mettre un terme définitif à l'irréversibilité dans laquelle se trouve engagée l'humanité ; 5) enfin, elles s'appuient sur un matériel symbolique issu directement de la culture environnante.

Ce qui caractérise une utopie

Ni mythe, ni millénarisme et autres dogmatismes religieux, l'utopie tente par l'imaginaire et le rêve de dessiner les contours d'un monde harmonieux, histoire de réhabiliter un horizon de sens viable dépourvu de toute présence divine et

---

1. Platon, *Phèdre*, Paris, GF-Flammarion, 1964, 247, 250.
2. F. Laplantine, *Les trois voix de l'imaginaire*, Paris, Éditions Universitaires, 1974.

d'exorciser cette conscience tellement humaine d'être là, sur terre, sans nécessité véritable. Œuvre d'individus écartés du pouvoir bien qu'occupant des fonctions importantes tant sur le plan social qu'économique, l'utopie s'articule à travers les siècles autour d'un certain nombre d'invariants (objectifs, thèmes, problématiques, symboles) caractéristiques de l'imaginaire utopique [1].

Les objectifs de l'utopie

En ce qui concerne les objectifs que poursuit d'une façon générale l'utopie, objectifs qui ne renvoient ni à des moments précis d'une quelconque perspective historique, ni à des localisations différentes que pourrait mettre en évidence une approche géographique, ni à des origines culturelles diverses que rendrait visible une étude des biographies respectives, il est possible d'identifier plusieurs buts transversaux aux fictions utopiques. D'abord, l'utopie se veut une façon de prendre conscience que le progrès peut associer et conjuguer recherche de la cité juste et épanouissement de l'homme à travers le développement de techniques destinées à maîtriser la matière. Ici, l'utopie se situe au plus loin du mythe en abandonnant toute mystique du ciel, en promouvant l'humanisation de l'espace à apprivoiser ou à transformer selon ce qui est bien pour l'homme. En outre, l'utopie sert à (ré)affirmer l'égalité des hommes, quitte à la pousser jusqu'à l'absurde en imaginant un monde radicalement harmonieux, unidimensionnel, ce qui pourtant n'empêche pas ceux-là mêmes qui en

---

1. Nous nous appuyons ici notamment sur le travail de synthèse de J. Servier, *Histoire de l'utopie*, *op. cit.* et *L'utopie*, *op. cit.*

sont à l'origine de faire une place spécifique aux bourgeois revêtus alors de la robe des philosophes ou de la toge des sages, comme pour mieux légitimer leur prétention à dire ce qu'est une société juste. Enfin, l'utopie entend préciser à quel point l'être humain peut établir dans la certitude, cautionnée par la découverte de la Justice, le règne de l'homme. L'utopie, dans ce sens, se veut passage à un monde où le temps s'achève; elle entend établir une rupture dans l'ordre temporel pour accoucher d'un monde parfait, fini, indépassable. À l'inverse du mythe, mais proche sur ce point du millénarisme, l'utopie regarde devant elle. Elle idéalise un espace urbain circonscrit, hypercivilisé, amnénagé avec soin et sagesse, théâtre de l'avènement de la fin de l'histoire. L'utopie n'est donc pas a-spatiale, ni vraiment en dehors de la temporalité, car elle suppose le temps pour advenir, pour prendre conscience de sa sortie du temps linéaire, pour être certaine de se délivrer des imperfections du temps historique, pour prendre le temps d'être dans le temps présent.

L'utopie prend véritablement forme au moment où l'homme a la prétention d'être acteur de l'histoire, où le sujet humain éloigne Dieu du monde sensible pour mieux conquérir le pouvoir sur terre. Ce n'est pas un hasard si l'utopie considère la ville comme espace de nulle part, celle-ci pouvant sûrement être vue comme un symbole de la conquête de la puissance temporelle (et non spirituelle), à l'image de ce que véhiculent les mythes de Salomon et de Sémiramis, respectivement à l'origine de la construction du Temple de Jérusalem et des jardins de Babylone [1].

---

1. L. Benoist, *Signes, symboles et mythes*, Paris, PUF, 1975, p. 102.

Les thèmes et les symboles de l'imaginaire utopique

Certain de son fait, le dirigeant utopien est en mesure d'imposer un sens moral si intériorisé par le peuple que le gouvernement des hommes cesse d'être un problème. Dès lors, le gouvernement des hommes cède face au gouvernement des choses, lesquelles s'administrent elles-mêmes (entre la production communautaire et le libre accès aux magasins par exemple). À l'image du meilleur des mondes, les citoyens suivent les prescriptions normatives, s'adonnent sans rechigner au travail, limitent leur consommation, si bien que tout est parfaitement réglé ou plutôt « huilé », comme dans une mécanique sociale dépourvue de la moindre friction que même l'hyperfonctionnalisme radical d'un Bronislaw Malinowski[1] n'a pas osé imaginer dans ces termes. Dès lors, la politique dans son versant exécutif n'a plus vraiment de raison d'être car tout fonctionne dans un bourdonnement heureux et sans fausse note – chez Fourier les passions communes sont censées réguler efficacement la vie sociale et se substituent ainsi au pouvoir[2]. Plus symbolique que réellement utile, le pouvoir dans l'imaginaire utopique est mal défini. À quoi bon en détailler les modalités si la société tourne machinalement sur elle-même ? À quoi bon penser un pouvoir fort de type hobbésien à partir du moment où l'ordre social en place ne craint pas aussi bien les intrusions extérieures malsaines que les déviances internes ? Nous sommes ici en présence de l'un des thèmes centraux de la pensée utopique, celui d'une cité jugée parfaite où seuls ceux qui en sont dignes se trouvent

---

1. B. Malinowski, *Pour une théorie scientifique de la culture*, Paris, Seuil, 1970.

2. Cf. *infra*, p. 80 *sq.*

investis du pouvoir de conditionner le peuple. De ce point de vue, l'imaginaire utopique tend à dissoudre l'altérité, à effacer la figure de l'autre. L'identité singulière de chacun (l'identité personnelle) se trouve ainsi emboîtée dans l'objectivité de l'ordre utopique au point de n'être plus qu'une sorte de précipité insipide conforme à ce qu'exige la mécanique sociale sagement mise en place.

Chez Platon, la République est entre les mains d'une caste de dirigeants éclairés qui ont opté pour la sagesse et la méditation philosophique. Dans *Les Lois*, l'auteur de *La République* soumet la désignation des magistrats à un système de roulement annuel, si bien que la République se voit dotée d'un pouvoir sans visage qui se confond en réalité avec le fonctionnement organique d'une société apparaissant alors non problématique. Chez More, *Utopia* est dotée d'une constitution immuable restreinte à partir de laquelle la volonté du peuple peut s'exprimer. Quant au prince d'*Utopia*, il est élu par le Conseil de l'île sur une liste de quatre noms choisis par le peuple, sans que soit remis en cause le pouvoir du Conseil qui décide seul des affaires importantes. Pour ce qui est de la Cité du Soleil de Campanella, elle est dirigée par des magistrats qui sont en fait des savants incarnant les trois vertus de la Puissance, de la Sagesse et de l'Amour. De sorte que, comme l'a écrit très justement Raymond Ruyer[1], « on dirait que ces magistrats utopiens existent à peine comme individus. Ils ne sont que des "transparents" à peine visibles, au travers desquels brille l'Idée ».

Parallèlement à cette thématique d'un pouvoir politique minimal confié à quelques hommes sages, les utopies consistent en une critique plus ou moins explicite de l'ordre social

---

1. R. Ruyer, *L'Utopie et les utopies*, Paris, PUF, 1950, p. 167.

ancien. L'utopie est une fiction compensatrice née dans l'esprit d'individus écartés du pouvoir, et peut-être même frustrés quant aux responsabilités qui leur incombent, mais se sentant suffisamment légitimes pour proposer un nouveau modèle de société. De façon récurrente, pour mener à bien leur projet politique, les utopistes ont opéré un retour à la pureté au fondement de leurs cités idéales. Ils ont eu ainsi le sentiment de faire œuvre originale, d'être en rupture avec le conformisme de leur temps, alors qu'ils n'ont eu de cesse de vouloir retrouver les structures holistes de la cité traditionnelle, de nier la primauté du libre arbitre pour réhabiliter les structures immuables des sociétés mythiques. L'utopie entend en effet, quels que soient les auteurs, renouer avec un système de lois contraignantes qui s'imposent aux consciences individuelles au nom de l'harmonie cosmique. Car l'utopie est retour – régression jusqu'au stade infantile de la protection maternelle diraient les psychanalystes – vers une harmonie préfigurée ; en cela, elle rejoint le mythe. Platon, à cet égard, s'il écarte bien l'ancienne mythologie qu'il juge dépassée, n'en recherche pas moins un mythe de fondation nouveau au fondement de la cité et de la vie sociale qui y régnera. Pour que les hommes croient en la justice et en la morale ici-bas, il faut en effet qu'ils aient le sentiment de participer tout au long de leur vie à un mythe renvoyant à une autre instance que celle des simples mortels. La réification des structures sociales est d'autant plus efficace qu'elle met en scène des retrouvailles avec un passé dépositaire du secret originel : les Lois primordiales. Comme le mythe, l'utopie est en ce sens une façon d'exorciser l'absurdité de la société et, plus fondamentalement, de l'existence.

La quête de pureté qui sous-tend toute utopie renvoie à une quête de terres vierges, préservées de la souillure des hommes.

L'utopie, comme l'écrit More à Érasme, est une *u-topia*, un pays de nulle part – en latin *Nusquama*. Il s'agit d'un lieu inconnu, secret, vierge de toute contamination, où l'imagination peut remonter le fil du temps, l'espoir utopique étant de retrouver en dernier ressort ce degré zéro de la civilisation afin de renaître à une vie nouvelle. Cette renaissance, pour être purification, doit écarter à jamais le sang et les soucis de la naissance charnelle. Être pur, c'est échapper et être protégé de la chair pour retrouver la matrice primordiale, première, *ex nihilo*. Dans l'univers utopique soucieux d'instaurer une morale épurée, le mariage est strictement réglementé par les règles de l'eugénisme. Il s'agit non seulement de perpétuer la société, mais de suivre les règles de l'hygiénisme fondé sur une connaissance des lois de l'astrologie. Ici, comme dans la Nouvelle Atlantide de Francis Bacon, la critique vise les mariages devenus recherche d'obtention d'une dot, compromis familiaux, alliances avantageuses ou encore remèdes contre la concupiscence.

L'utopie est donc une révolution au sens étymologique du terme, c'est-à-dire une tentative de retour à un passé, imaginé en l'occurrence[1]. En réalité, la thématique du retour est consubstantielle à l'imaginaire utopique, qu'il s'agisse du retour à la terre, à la communauté ou à la protection par une autorité somme toute mystérieuse qui confie le pouvoir à quelques-uns du fait de leur sagesse, et qui entoure de son halo protecteur tout citoyen se trouvant alors dans un refuge indiscutable aux fondements intangibles. Mais l'utopie se veut aussi, à travers le recours à la connaissance rationnelle, protection des utopiens par leur inscription dans une harmonie scientifiquement découverte. Il s'agit en effet d'établir rationnelle-

---

1. J. Servier, *L'utopie*, *op. cit.*, p. 10.

ment un horizon de sens immuable, rassurant et incontestable. Autrement dit, il est question de retrouver grâce à la raison l'armature des lois qui « architecturent » le monde et de les appliquer... pour le meilleur et pour le pire. Saint Simon concevra dans cette optique le plan d'une société future censée être fondée à partir de lois, corollaires de la grande loi cosmique. Auguste Comte se verra comme le passeur de l'humanité vers « l'état positif », état dans lequel le « pouvoir spirituel », pétri d'un savoir scientifico-cosmique, doit veiller à ne pas déroger du schéma primordial de développement du monde. Quant à Fourier, il sera persuadé d'être celui à qui a été révélée la loi de l'attraction universelle valable pour le gouvernement des sociétés humaines.

La tentation totalitaire de l'utopie

Bien avant que ne le formule la phénoménologie, les utopistes ont voulu, à partir d'un prétendu savoir irréfragable, conjurer rationnellement l'angoisse de l'homme et de son inéluctable putréfaction. L'utopie apparaît de ce point de vue comme une façon particulière et stylisée de mettre un terme aux questions de sens et au sentiment de déréliction inhérents à des êtres trop conscients de se trouver dans le monde, d'être livrés à eux-mêmes et d'être contraints d'apporter seuls des réponses de sens en dehors de toute référence à une puissance supérieure à laquelle, d'ailleurs, ils ne croient plus. Mais à bien y regarder, l'un des paradoxes de l'utopie est qu'elle est une invention imaginaire d'un monde réel, « une construction abstraite d'une société concrète »[1] qui n'est pas parvenue à objectiver des concepts source de sens qui auraient pu

---

1. T. Paquot, *L'utopie ou l'idéal piégé*, *op. cit.*, p. 16.

permettre de penser l'impensé utopique : par exemple, aucune pensée philosophique significative interrogeant l'altérité n'est née des multiples utopies.

Parallèlement, la cité idéale ne se pose pas de question à propos du degré d'adhésion de ses citoyens à l'égard des lois énoncées. À partir du moment où celles-ci sont considérées comme justes scientifiquement et, partant, spirituellement, plus rien ne peut venir altérer l'ordre des choses, le seul intelligible qui existe[1]. Il n'y a rien d'étonnant à ce que les cités radieuses d'hier, d'aujourd'hui et sûrement de demain ont toutes pour vocation de conditionner l'homme afin de le rendre compatible dans la totalité de son être avec des finalités perçues comme évidentes, quelles qu'elles soient. L'un des paradoxes de l'utopie est qu'elle chasse Dieu par la grande porte en vue de mettre fin aux angoisses de l'homme pour *in fine* le faire entrer par la fenêtre en sacralisant le savoir humain. Cette réhabilitation du sacré, là où on ne l'attend pas forcément, est d'autant plus prévisible que le savoir rationnellement et sagement construit par l'homme porte sur un monde cosmique que les hommes n'ont pas inventé… Parce qu'il se veut le reflet des lois naturelles, l'ordre social utopique s'autorise à « totaliser »[2] la subjectivité individuelle, à faire en sorte de la figer dans une machinerie sociale qui se répète à l'identique. Or c'est là une aporie, une impasse à laquelle se heurtent toutes les utopies, impasse à l'origine de leur échec tant la vie ne peut être arrêtée, statufiée, figée, tel un arrêt sur image ;

---

1. *Cf.* entre autres sur ce point, A. Pessin, *L'imaginaire utopique aujourd'hui.* Paris, PUF, 2001.

2. Pour reprendre un terme cher à É. Lévinas, cf. *Éthique et infini*, Paris, Fayard-Radio France, 1982 (entretien avec P. Nemo).

et ce d'autant moins qu'aucune identité (humaine, culturelle, sociale, personnelle) ne peut se définir en dehors d'un dynamisme ontologique fait d'interactions, d'échanges ou encore de métissages, et ne peut se réduire à une simple « identité rouage »[1].

L'invention de cités protectrices

Ce que les hommes imaginent avant tout à travers leurs utopies, ce sont des cités protectrices. La ville est ici la mère de la nation utopienne à travers un urbanisme qui rappelle au plus haut point une idéalisation de la figure de la mère protectrice[2]. Pourvue d'une symétrie d'autant plus rassurante qu'elle chasse toute imperfection, toute incertitude géométrique, la cité idéale incarne une matrice destinée à placer les hommes sous la protection de l'harmonie cosmique. Les enceintes concentriques de la Cité du Soleil par exemple garantissent une vie paisible en leur sein, et ce d'autant plus que le temps y est suspendu, façon de nier la mort qui vient… au bout du temps. Représentant symboliquement la femme, les jardins et les parcs abondent dans les cités utopiques, façon de perturber la monotonie des rues à angle droit et de rappeler l'unicité et la perfection de la cité idéale symbolisée dans une large mesure par l'image du cercle. Cette image est ancienne et emprunte pour beaucoup à l'imaginaire mythique ; elle renvoie sûrement à un archétype où se manifeste le sens du sacré, de l'éternel retour, de la perfection achevée, de la mise à l'écart du desordre et de l'informe.

---

1. Sur ce point, *cf.* H. Marchal, *L'identité en question*, Paris, Ellipses, 2006.
2. K.G. Jung note dans *Le Moi et l'inconscient* (trad. fr., Paris, Gallimard, 1961, p. 199) que la ville est un symbole maternel.

Comme le note Gilbert Durand[1], « l'espace circulaire est plutôt celui du jardin, du fruit, de l'œuf, du ventre, et déplace l'accent symbolique sur les voluptés secrètes de l'intimité… l'espace courbe, fermé, régulier serait donc par excellence signe de douceur, de paix, de sécurité… ». La ville idéale, véritable *cité-mère*, met à l'abri, couve les utopiens dans un cocon protecteur maternel dont la pureté est garantie par le suivi strict des préceptés édictés par les sages. Fourier s'inscrit pleinement dans la thématique de la figure protectrice de la mère lorsqu'il recommande, entre autres, d'adosser son phalanstère à une forêt représentant alors l'inconnu, l'insécurité, le désordre et le chaos[2]. Tout est fait dans la ville utopique pour symboliser la figure maternelle, pour faire en sorte que les citoyens aient le sentiment d'appartenir à une même famille, d'être les fils de la même mère. Les maisons identiques symbolisent l'effacement de la cellule familiale au profit de la cité. Les repas sont pris en commun ; les aliments (fruits et légumes pour l'essentiel) sont purifiés : ici par des médecins comme dans la Cité du Soleil de Campanella, là par un comité de savants comme dans l'Icarie de Cabet. À l'image du lait maternel, du lait issu de la virginité de la matrice primordiale donnant naissance à une société parfaite, les nourritures terrestres sont lavées de toute souillure. Au regard de la centralité paradigmatique de la figure de la mère dans l'imaginaire utopique, il est logique de constater que les utopies se montrent

1. G. Durand, *Les structures anthropologiques de l'imaginaire*, Paris, Dunod, 1969, p. 283.

2. Comment ne pas penser ici aux rapports qu'entretiennent les Américains depuis la création de l'Union à la forêt sauvage (*Wilderness*), rapports au fondement de l'utopie de la ville-nature incarnée aujourd'hui entre autres par la ville de Phoenix. Sur ce point, *cf.* C. Maumi, *Usonia ou le mythe de la ville-nature américaine*, Paris, Éditions de La Villette, 2008.

très avantageuses pour les femmes, alors débarrassées des corvées ménagères grâce aux installations communautaires, libérées de la tutelle de l'homme et considérées comme son égal même si elles ne participent ni au gouvernement, ni à l'élaboration des lois.

La pureté de la cité idéale s'exprime par la simplicité des vêtements, par leur blancheur immaculée comme dans la Cité du Soleil. Mais plus que de pureté, ce qui se joue ici, c'est une véritable renaissance, une régénération. Les vêtements des utopiens sont comme une seconde peau qui augure d'une vie nouvelle. L'individu renaît a travers son intégration totale dans un collectif, intégration signifiée par le port d'un costume identique pour tout le monde, comme c'est le cas dans le projet de Cabet. L'utopie cherche à totaliser l'espace de sens subjectif pour le rendre conforme à ce qui est exigé des lois intangibles au fondement de toutes choses : le vêtement identique et simple (pour les hommes et les femmes chez Campanella) a pour fonction sociale de dissimuler l'individu sous une identité sociale totalisante, holiste. Il rappelle la présence de la cité maternelle, la protection qu'elle apporte au quotidien.

La thématique de la pureté est également symbolisée par le retour à la terre, souvent pensé comme un remède aux problèmes sociaux. Cultiver la terre apparaît comme une façon de mettre à distance les méfaits de la société industrielle, comme dans la cité de New Lanark pensée par Robert Owen où les ouvriers se purifient par le travail salutaire des champs après une journée de travail à l'usine. Les XVIIIe et XIXe siècles sont très marqués par cette façon de retrouver la pureté de la mère nourricière. Le comte de Mirabeau considérera l'agriculture comme « l'art de l'innocence et de la vertu »; Louis Antoine de Saint-Just dira des citoyens laboureurs qu'ils sont

les seuls avec les soldats à être utiles à la République. Mikhaïl
Bakounine opposera le paysan russe, pur soldat de la révolution, à la « grande canaille des villes ». Il n'est pas jusqu'à
Mao Tsè-Toung de ne pas vanter les mérites de l'agriculture
et de la définir comme le bain de pureté où tout citoyen doit se
régénérer pour retrouver des forces révolutionnaires nouvelles[1].

La purification des citoyens passe aussi par l'abandon de
l'héritage des biens fonciers du fait du droit d'aînesse, dans
la mesure où c'est là un moyen de faire renaître l'individu,
de dissoudre ses pulsions égoïstes à travers son immersion
complète dans la société. Sur le plan symbolique, il s'agit
d'exproprier le père au profit de la société mère. À la trans-
mission intergénérationnelle de père en fils, l'utopie oppose le
communisme, comme c'est le cas entre autres à *Utopia*. Les
citoyens purifiés travaillent pour le bien de la cité protectrice
et tiennent d'elle tout ce dont ils peuvent avoir besoin.
Les récoltes ou les produits de son art sont reversés dans les
magasins généraux où chacun s'approvisionne dans une sage
sobriété. Seule la cité mère fournit le pain quotidien à ses
enfants, façon d'annihiler la figure du père pourvoyeur. Les
attributs symboliques de ce dernier sont déniés, comme l'or,
symbole de puissance par excellence. Notons à cet égard que
même si les philosophes gardiens de la cité sont pétris d'or,
selon le mythe que propose Platon, il n'en reste pas moins
qu'ils ne peuvent en possèder. Dans l'île d'Utopie, l'or ne peut
être porté que par ceux qui ont offensé la cité mère, à l'instar
des condamnés de droit commun. Le port de parures et/ou de
métaux précieux vaut alors symbole de souillure.

---

1. Sur ce point, *cf.* J. Servier, *Histoire de l'utopie*, *op. cit.*, p. 334-335.

CE QUE L'UTOPIE DOIT À LA VILLE,
CE QUE LA VILLE DOIT À L'UTOPIE

La ville comme essence de l'utopie

Il n'y a rien d'étonnant à ce que la ville soit au cœur de bien des utopies[1] étant donné que celle-ci est un pur produit de la création humaine et révèle combien, à travers elle, l'homme peut non seulement édifier un cocon protecteur mais aussi maîtriser son sort, son environnement, son cadre de vie… À ce titre, le sillon creusé dans la terre par Romulus afin de délimiter l'enceinte de Rome incarne de façon significative une rupture entre la création de Dieu (la nature) et la création de l'homme (la ville en elle-même), et montre à quel point la ville résulte de l'intervention humaine et correspond à un monde artefactuel.

Dans son essence, la ville utopique renvoie à une création radicale, voire peut-être *ex nihilo*, c'est-à-dire un acte fondateur qui revient à « créer quelque chose de rien »[2]. Cela étant dit, si l'utopie s'arrime à cette forme de vie humaine que représente la ville, il n'en reste pas moins que cette dernière dans ses expressions actuelles ne procède pas forcément de l'imaginaire utopique. En effet, les villes d'aujourd'hui sont épaisses de leur histoire, de leur contexte, possèdent des formes préexistantes, si bien que les interventions dont elles sont le théâtre doivent, à la différence de ce qu'entendent réaliser les utopistes, en tenir compte. De fait, la question est de savoir si l'esprit utopique est compatible avec la ville contemporaine

---

1. Sur ce point, *cf.* T. Paquot, *Utopies et utopistes*, Paris, La Découverte, 2007.

2. Saint Thomas d'Aquin, *Somme théologique*, trad. fr., Paris, Le Cerf, 1984, t. 1, q. 45, art. 1-7.

dans la mesure où elle oblige à s'adapter à son histoire maté-
rialisée dans un cadre morphologique et dans une identité
préexistante qu'il est difficile d'ignorer. Les architectes
renouent avec la tradition utopiste lorsqu'ils s'engagent avec
beaucoup d'enthousiasme vers les pays émergents où il leur
est donné la possibilité de développer leur art et de réaliser
concrètement leurs projets dans un environnement vierge. À
ce propos, les villes des Émirats Arabes Unis, de Chine ou
d'Inde sont devenues les terrains de prédilection des architectes les plus attachés à dessiner les contours de la ville
future; il leur est ainsi permis de laisser libre cours à leur
imaginaire.

Aborder les utopies dans leur forme urbaine revient
en quelque sorte à poser la question de l'idéalité de la ville.
En effet, cette quête d'idéalité n'est pas sans rappeler la
préoccupation des hommes depuis l'Antiquité à établir des
cités idéales, elle renvoie à la pensée selon laquelle, dans
une société, l'habitat détermine l'organisation sociale et le
comportement des citoyens. Même si c'est à la Renaissance
que la relation, entre d'un côté l'architecture et de l'autre
l'organisation sociale et politique, se développe significati-
vement, il reste que la Grèce de l'époque classique avait déjà
associé de façon consubstantielle système politique et cadre
urbain dans un terme unique, *polis*, soit l'«État-cité». Par
ailleurs, parler d'idéalité suppose bien évidemment d'aborder
la question de la relativité ou de la subjectivité : l'idéal architectural pour une personne ne sera pas le même pour une
autre. Nous savons combien l'idéalité est définie en fonction
de la représentation que chacun se fait du monde (organisation sociale, mode de fonctionnement politique, distribution
des communautés de vie…). L'idéal urbain est donc lié au

système de représentation des bâtisseurs, des architectes et des penseurs [1].

Pour la grande majorité des praticiens de l'urbain, fabriquer de la ville reste avant tout une activité dominée par l'esprit : « Produire de la ville, c'est essentiellement *projeter de la pensée* dans la morphologie et les structures » [2]. L'idéalité est ainsi posée comme fondement de l'édification et de l'agencement de la matérialité. Celle-ci, une fois installée, rend alors compte de l'essence et de la substance de celle-là. De ce point de vue, Thierry Paquot et Michel Lussault [3] montrent combien il existe véritablement une dimension utopique au sens large dans les projets architecturaux et urbanistiques contemporains. D'une façon générale, si la ville apporte beaucoup à l'utopie en termes de matérialité, l'utopie apporte beaucoup à la ville en termes d'idéalité, tel un processus circulaire et dialectique.

De l'Antiquité à nos jours, les hommes ont échafaudé des modèles de cités idéales dans lesquels ils projettent leurs conceptions du beau et du bon, de l'équilibre et du vertueux, de l'harmonie architecturale et de la justice sociale, de la cohérence urbanistique et de l'ordre social. Les penseurs, qu'ils soient philosophes, architectes indépendants ou conseillers du prince, n'ont eu de cesse de croire et croient encore aujourd'hui que les formes architecturales et les cadres urbanistiques possèdent cette faculté de changer les hommes (de les rendre

1. S. Ostrowetsky, *L'imaginaire bâtisseur*, Paris, Méridiens-Klincksieck, 1983.

2. T. Paquot, M. Lussault, « Utopie », dans J. Lévy, M. Lussault (dir.), *Dictionnaire de la géographie et de l'espace des sociétés*, Paris, Belin, 2003, p. 971. Sur ce point, voir également J.-M. Stébé, H. Marchal, *Traité sur la ville*, Paris, PUF, 2009.

3. T. Paquot, M. Lussault, « Utopie », art. cit.

plus vertueux), de changer la vie (de rendre le monde plus harmonieux). Mais il existe un paradoxe qui réside dans le fait que les hommes imaginant ces cités idéales sont convaincus que l'ensemble des individus adhèreront à leur projet : la liberté de choisir est donc, dans bien des cas, déniée. N'oublions pas que, de ce point de vue, l'utopie possède deux visages, tel Janus, le Dieu italique et romain : un visage positif, prônant une société plus équitable et conviviale, plus bienveillante et altruiste, et un autre négatif, déployant un projet oppressif, assujettissant et uniformisant.

Les fondements géométriques de la justice et de l'harmonie

Plusieurs exemples de villes édifiées durant l'Antiquité, soit selon un plan circulaire, soit selon un plan en damier, vont bien plus tard influencer les utopies qui sont de fait, dans leur quasi-totalité, d'essence urbaine[1]. C'est ainsi que pour la réalisation des cités idéales, les utopistes retiendront les deux figures géométriques de base, le cercle et le carré.

Bien que rarement bâtie dans la réalité, la ville circulaire constitue un mythe récurrent dans la culture occidentale, représentant le symbolisme ancien et profond du cercle, notamment ses associations avec le cosmos, l'éternité et le divin. L'historienne Ruth Eaton[2] note que le plus ancien exemple connu à l'heure actuelle d'une ville circulaire est celui de la cité Hittite de Zincirli construite au début du premier millénaire avant J.-C. Cette ville située en Anatolie disposait d'une

---

1. À ce propos, dans quelle mesure ne pouvons-nous pas nous demander si parler d'utopies urbaines ne relève pas du pléonasme tant les utopies urbaines recouvrent la très grande majorité des projets des utopistes.

2. R. Eaton, *Cités idéales*, Anvers, Fonds Mercator, 2001.

muraille circulaire émaillée de cent tours et de trois portes équidistantes. La cité d'Ecbatane, fondée à la fin du -VIIᵉ siècle par les Mèdes sur le site de l'actuelle ville iranienne d'Hamadan, est un autre exemple de ville circulaire. Construite sur une colline, cette cité, si l'on en croit la description précise qu'en fait l'historien grec Hérodote, aurait comporté sept murailles concentriques de plus en plus hautes à mesure que l'on s'approchait du centre.

Simultanément, le plan orthogonal avec son quadrillage de rues parallèles véhiculant une image d'ordre, beaucoup plus utilisé au cours de l'histoire dans la planification urbaine que le plan circulaire (pourtant symbole d'une protection maternelle chère aux utopistes), représente la forme matricielle par excellence de la cité idéale. De nombreux exemples s'inspirant de ce modèle jalonnent l'Antiquité. Une partie du cœur de la cité de Babylone possédait, si l'on en croit Hérodote, un plan en damier. En Extrême-Orient, c'est également le carré et non le cercle qui domine dans la planification urbaine : Norman J. Johnston[1] note que dès le -Vᵉ siècle les Chinois identifiaient l'ordonnancement de leurs cités à la vision qu'ils avaient d'une terre carrée ou rectangulaire, rituellement orientée selon les quatre points cardinaux. Dans la Grèce classique, même si Athènes ne possède pas un agencement orthogonal, celui-ci est souvent utilisé par les Grecs lors de l'édification de nouvelles cités. Au cours de ses différentes conquêtes jusqu'aux rives de l'Indus, Alexandre Le Grand essaime et institue la trame orthogonale dans les nombreuses cités qu'il fonde (près de 70). Alexandrie d'Égypte par exemple, qu'il érige en -331 avec le concours de l'architecte Deinocratès, présente tout un

---

1. N.J. Johnston, *Cities in the round*, Seattle-Washington, University of Washington Press, 1983.

réseau de voies qui se coupent en angle droit délimitant des îlots réguliers.

Hippodamos de Milet (-Ve siècle) est traditionnellement considéré comme l'inventeur du plan urbain en damier, même si cette trame morphologique était déjà en vigueur dans les colonies grecques fondées bien avant le -Ve siècle. Hippodamos s'inscrit ainsi dans l'imaginaire utopique en ce sens que la cité d'origine humaine doit rechercher, selon lui, ses fondements dans l'ordre cosmologique, l'objectif étant d'établir des correspondances étroites entre l'organisation urbaine, la structure politico-sociale et le cosmos. La question de l'harmonie entre l'espace territorial, la structure constitutionnelle et la vie sociale préoccupera les philosophes de la Grèce antique des -IVe et -Ve siècles (entre autres Platon) avec ses nombreuses cités-État dispersées autour du bassin méditerranéen.

Dans sa volumineuse *Histoire*, où il tente d'expliquer comment l'empire hellénistique est tombé progressivement sous le joug de Rome, le général et historien grec Polybe décrit les camps fortifiés qu'établissait l'armée romaine, organisés à l'intérieur d'un enclos rectangulaire autour de deux axes principaux : *cardo maximus* nord-sud et *decumanus maximus* est-ouest, se croisant en face du quartier général (*praetorium*). Cette organisation aurait été empruntée au roi Pyrrhus d'Épire, contre qui Rome avait livré bataille. Mais les recherches historiques montrent que les Étrusques utilisaient déjà le plan en échiquier avec sa partition axiale. Une telle façon d'organiser l'espace urbain n'avait pas seulement une signification symbolique comme représentation de l'ordre céleste, mais aussi des avantages pratiques, notamment celui de matérialiser concrètement les frontières de la ville (tracées à la charrue). Si les Romains emploient, à l'image des Grecs, le plan orthogonal pour l'organisation spatiale de leurs camps militaires, ils l'utiliseront également dans leurs capitales de provinces et dans leurs nouvelles colonies afin de délimiter clairement l'ordre imposé par le pouvoir impérial. Thamugadi, l'actuelle Timgad (Algérie) construite au début du IIe siècle, constitue un bel exemple de l'emploi de la trame urbaine en échiquier dans les colonies romaines.

Également soucieux de garantir l'harmonie à partir d'une trame urbaine, l'architecte romain Vitruve propose un peu plus tard, dans son célèbre traité *De architectura*, quelques indications sur l'aménagement urbain, suggérant par exemple qu'une ville soit ceinte d'un mur polygonal flanqué de tours et qu'elle soit divisée par huit (ou seize) avenues radiales. Cette proposition d'adopter un plan circulaire, tout à fait contraire aux pratiques urbanistiques de l'Empire romain s'appuyant sur l'orthogonalité, peut être regardée, insiste Eaton [1], comme caractéristique d'un idéal pratique, peut-être même spirituel, dont l'héritage se révélera particulièrement fécond à partir de la Renaissance.

L'idéalité de la cité entre les mains d'une architecture rationnelle

Durant la période de la Renaissance, en effet, plusieurs éléments, plus particulièrement une nouvelle façon d'appréhender, de concevoir, de décrire et de dessiner la ville, contribueront à l'émergence du concept de cité idéale. L'humaniste Leornado Bruni sera l'un des premiers à décrire méthodiquement et objectivement une ville comme une entité spécifique. Aussi, dans son œuvre *Laudatio Florentinae urbis*, vante-t-il la grandeur et les nombreuses qualités de Florence qu'il

---

1. R. Eaton, *Cités idéales, op. cit.*

considère comme supérieure à toutes les autres villes en raison de sa magnificence et de ses richesses.

Ce changement dans la perception de ce qu'est une ville résulte certainement des évolutions du rôle et du statut de l'architecte. Pendant tout le Moyen Âge, les maîtres bâtisseurs sont restés des hommes de terrain développant un sens pratique. Mais dès le XVe siècle, parallèlement à un changement d'appellation – le vocable architecte se diffuse en Italie – le rôle de celui que l'on appelle désormais l'architecte se modifie et sa place dans le monde social évolue, passant d'un statut de bâtisseur pragmatique à un statut d'intellectuel capable de penser et de représenter l'environnement bâti. L'invention de la perspective, le plan ichnographique, l'utilisation d'instruments de levé et de dessin de plus en plus perfectionnés ainsi que la découverte de l'imprimerie, contribueront sans aucun doute à cette évolution identitaire de l'architecte. Par ailleurs, toutes ces inventions participeront de la diffusion des moyens objectifs de représenter les villes existantes. Si l'on parvient désormais à avoir une vision distanciée (objectivée) et intellectualisée de la ville, il reste que les architectes, les philosophes, les penseurs parviendront difficilement, au début de la Renaissance, à imaginer une cité différente de ce qu'elle est dans la réalité. Il faudra attendre la confrontation avec d'autres continents, notamment après la découverte du Nouveau Monde, pour prendre conscience qu'il existe d'autres réalités que celles connues jusqu'à présent dans l'Ancien Monde.

À partir du moment où la cité parvient à être objectivée et relativisée, elle peut être imaginée. Pour élaborer les plans des cités idéales, les architectes de la Renaissance s'appuient sur l'idée selon laquelle il existe un ordre divin universel de nature mathématique. Par exemple, le schéma de l'être humain situé au centre du monde symbolise les mesures parfaites et les principes universels de l'ordre naturel (*cf.* le célèbre dessin de Leonardo da Vinci représentant les proportions du corps humain, vers 1490). Autrement dit en explorant les règles mathématiques auxquelles obéit le corps humain, il paraissait possible aux architectes de maîtriser le sens et l'ordre de l'univers. Les architectes humanistes cherchent alors à accéder, lors de la conception des villes « idéales », à l'harmonie cosmique, considérant le cosmos comme la représentation physique rationnellement structurée de l'ordre et du droit divin. Ils en viennent tout naturellement à établir des analogies entre l'agencement de la cité et, d'une part, le microcosme renvoyant au corps de l'individu (la tête symbolisant le centre de direction, les artères, les rues, etc.), et d'autre part, le macrocosme correspondant au cosmos (la *piazza* centrale représentant le soleil, les rues rayonnantes, etc.). La volonté de se soumettre à l'organisation du cosmos explique l'usage récurrent de la forme radiale, dont l'équivalent architectural est, dans la tradition des cités idéales pendant toute la Renaissance, l'église à plan central surmontée d'une coupole. À cet égard, Alberti en viendra à proposer, dans son traité d'architecture *De re aedificatoria* [1], tout un ensemble de principes théoriques, utilitaires et esthétiques qui constituent pour lui l'essence même de l'ordre utopique. Il donne ainsi des conseils précis et des directives sur la façon de bien construire en harmonie avec les concepts de la Renaissance, ce qui le conduit à souligner par exemple que sans ordre, la grâce, le beau et la fonctionnalité ne peuvent exister.

1. L.B. Alberti, *De re aedificatoria* (1485), trad. fr. P. Caye et F. Choay, *L'Art d'édifier*, Paris, Seuil, 2004.

Trois panneaux peints entre 1490 et 1495 par un artiste anonyme d'Italie illustrent de façon exemplaire l'idéal humaniste d'une organisation urbaine à son niveau de perfection architecturale le plus élevé. Dites d'Urbino, de Berlin et de Baltimore (d'après les villes où ils sont aujourd'hui exposés), ces trois peintures montrent rues, places et édifices élégants : le long des rues qui se coupent à angle droit s'élèvent des façades symétriques où se donnent à voir les ordres architecturaux imités de l'Antiquité ; aux abords des places se distribuent arc de triomphe, amphithéâtre et églises circulaires ou octogonales. On aperçoit aux arrières plans des rues bordées d'habitations moins ostentatoires, le port ou la campagne environnante. Ces œuvres picturales, qui avaient certainement une valeur rhétorique, laissent entrevoir la fonction sociale de l'architecture, mais surtout montrent combien l'architecture classique pourrait être le catalyseur d'une société idéale, harmonieuse et accomplie. Elles doivent donc être considérées non pas comme des épures architecturales spécifiques à un espace donné, mais plutôt comme des représentations imaginaires d'un monde merveilleux et supérieur. Les architectes humanistes veulent aussi clairement signifier la supériorité de l'esprit humain sur les contraintes de la nature et sur les spécificités contextuelles, désormais négligeables. Comme le suggère Jean-Claude Vigato, les exemples des cités idéales d'Urbino, de Baltimore ou de Berlin peuvent être considérés comme la clef de la problématique de la cité idéale chez les architectes.

> Il ne s'agit pas, comme dans les utopies politiques ou religieuses de matérialiser l'habitat d'une société rêvée où les contradictions sociales trouveraient enfin une solution. Il s'agit d'expérimenter, dans le laboratoire du projet, l'efficacité d'une architecture alors nouvelle, dans ses éléments comme dans ses

dispositifs, afin de visualiser la nouvelle forme urbaine qu'elle promet [1].

Pétri de rationalisme et d'idéalisme, Leonardo da Vinci, qui déteste la confusion, l'insalubrité et la promiscuité régnant au sein des cités médiévales, fera plusieurs propositions d'aménagement urbain visant à l'assainissement et au nettoyage des villes. Il présente notamment en 1493 un ambitieux programme urbanistique de déconcentration de Milan qui s'appuie essentiellement sur l'édification de dix villes nouvelles satellitaires de 5 000 habitations reliées par des voies de communication à la ville centre milanaise. Il est important de noter que dorénavant la relation entre saleté et désordre, hygiène et ordre, serviront de fil conducteur à la pensée utopique. Ainsi Ebenezer Howard, avec son projet d'implanter des cités-jardins à la périphérie de Londres à la fin du XIXe siècle en vue de décongestionner la capitale anglaise, s'inscrit de façon exemplaire dans cette voie.

CE QUI ANIME LES UTOPIES URBAINES

Force est de constater que les utopies sociales sont des utopies urbaines, que le lieu de l'utopie est la ville. En effet, les penseurs à l'origine des utopies ont tenté, dans une très large mesure, d'organiser rationnellement à travers le référentiel spatial urbain la vie sociale. Autrement dit, une utopie n'est-elle pas une entreprise d'organisation spatiale de la vie des hommes à partir de cette forme de vie humaine qu'est la ville?

1. J.-C. Vigato, « L'architecture de la cité idéale », dans L. Coen (dir.), *À la recherche de la cité idéale*, Arc-et-Senans, Institut C.-N. Ledoux, 2000, p. 34.

C'est dire si de ce point de vue l'utopiste commute : s'il transforme les rapports sociaux (les usages) en rapports spatiaux (en plans, en maquettes) [1].

L'architecture au service de l'ordre utopique révolutionnaire

Face à l'appréhension favorable que les hommes se font au XVIIIᵉ de la puissance de la science, une question émerge rapidement : le progrès des sciences et des techniques est-il associé au progrès moral et social ? Derrière cette interrogation se profile la problématique du bien-être et du bonheur des individus. Pour les humanistes de cette époque, le progrès de la raison humaine doit être celui de la justice sociale et de la bonté morale. Associé à l'idée de civilisation, le progrès sera vecteur, au cours du siècle des Lumières, de nombreuses utopies urbaines.

Les images de félicité varient selon les auteurs, elles participent aussi bien d'un modèle « communiste » comme dans le cas des utopies du philosophe Étienne-Gabriel Morelly (*Naufrage des isles flottantes ou Basiliade du célèbre Pilpaï*, 1753), que d'un cadre « libéral » de société industrialisée tel que le décrit l'économiste et industriel Jean-Baptiste Say dans son récit *Olbie ou Essai sur les moyens de réformer les mœurs d'une nation* (1800). Si Say est convaincu que la porte d'accès à un monde meilleur réside dans les progrès des sciences et des techniques, et si Morelly est persuadé quant à lui que c'est en se conformant aux lois universelles de la nature que l'on accède au bien-être, il n'en reste pas moins que tous les deux

---

1. H. Raymond, « Commuter et transmuter : la sémiologie de l'architecture », *Communications*, 27, 1977, p. 103-111.

pensent que l'instauration d'une cité idéale n'exige pas la régression à un état primitif : il s'agit plutôt de faire en sorte que les hommes s'affranchissent des artifices de la civilisation et se réconcilient avec la nature innocente ancrée au plus profond d'eux-mêmes.

La question du déterminisme environnemental est débattue tout au long du siècle des Lumières. En effet, dans l'esprit de nombreux penseurs utopiques, l'organisation sociale et politique, ou encore l'agencement urbain peuvent contribuer à l'élévation morale du genre humain. Les architectes de la fin du XVIIIe siècle (entre autres Étienne-Louis Boullée, Charles De Wailly, Claude-Nicolas Ledoux et Jean-Jacques Lequeu) se montreront enthousiastes quant à l'impact environnemental sur la vie sociale. Soucieux de la restructuration complète de la société française, ces derniers projetteront les idéaux révolutionnaires dans leurs épures et leurs réalisations. À travers celles-ci, ils veulent rendre visibles, voire parfois lisibles, les valeurs morales et politiques de l'époque : tout monument, palais, temple, doit ressembler à sa fonction [1].

Pour les hommes de la Révolution, « les murs doivent parler ; des sentences multiples doivent rendre nos édifices des lieux de morale » s'exprime ainsi l'architecte Léon Dufourny à l'occasion du jugement des prix d'architecture en février 1794 [2]. Que ce soit les Assemblées nationales ou les monuments commémoratifs, tous les projets architecturaux de cette période révolutionnaire tentent d'exprimer, à l'aide des formes qui les composent et des ornements qui les rendent explicites,

---

1. A. Jacques, J.-P. Mouilleseaux, *Les architectes de la liberté*, Paris, Gallimard, 2005.

2. *Ibid.*, p. 76.

ce que l'«architecture parlante» cherchait à dire aux temps des Lumières. Dès l'élaboration des lois et des actes de l'autorité publique, pour les diffuser et les perpétuer à la fois, on demande au bâtiment d'instruire les citoyens : par exemple les Prytanées, sortes de «tribunes parlantes», ou bornes civiques, de Jacques-Guillaume Legrand et Jacques Molinos construits à Paris en 1791, veulent afficher partout la parole souveraine des décrets. Cette architecture «expressive» accomplit en quelque sorte le transfert métaphorique du politique sur l'édifice, devenu un véritable livre ouvert.

Loin d'être «visionnaire» ou «fantastique», l'architecture de Boullée peut être considérée comme «expérimentale», ainsi que l'interprètent certains architectes d'aujourd'hui[1]. De l'émotion provoquée par la nature émergent des concepts que Boullée éprouve puis perfectionne comme modèles. S'il n'imagine pas une cité idéale, il avance néanmoins des types-idéaux d'édifices publics et prépare un recueil d'architecture privée. Rappelant certaines règles de la cité idéale proposées par les architectes de la Renaissance, Boullée voit dans la symétrie l'image de l'ordre, car toute disparité est révoltante dans un art fondé sur les principes de la parité[2]. À la fin de sa vie, il souhaite une architecture enseignée à tous, et la rend même obligatoire pour les hommes soucieux d'occuper les plus hautes fonctions de l'État.

Si Lequeu, Boullée et Ledoux peuvent être identifiés comme des maîtres de l'architecture utopique, il n'en demeure pas moins que seul Ledoux, à travers sa grande réalisation, la Saline royale d'Arc-et-Senans et son projet de ville idéale de

---

1. Cité dans A. Jacques, J.-P. Mouilleseaux, *Les architectes de la liberté*, *op. cit.*, p. 76.

2. É.L. Boullée, *Architecture : essai sur l'art*, Paris, Hermann, 1968.

Chaux, relève de la catégorie des architectes utopiques. En effet, il est le seul parmi les « architectes de la liberté »[1] à avoir pensé et en partie réalisé tout un ensemble urbain (usine et ville) aux caractéristiques utopiques, les autres n'ayant imaginé et dessiné que quelques monuments imaginaires isolés. Sensible aux idéaux révolutionnaires, Ledoux est convaincu que l'architecture détient le pouvoir d'influencer les comportements des individus. Il écrit en effet de l'architecte que « tout est de son domaine – politique, moralité, législation, culte, gouvernement » et voit en lui le « rival du Créateur »[2]. Eaton[3] rappelle à juste titre que son premier projet pour la saline d'Arc-et-Senans proposait un vocabulaire architectural monumental (fait entre autres de colonnes doriques) généralement employé pour les résidences royales et aristocratiques. En proposant des constructions monumentales et prestigieuses pour une activité industrielle ordinaire et destinées aux humbles ouvriers de la saline, n'y a-t-il pas là une certaine preuve que Ledoux cherchait à enchâsser dans son projet les idéaux d'égalité proclamés quelque temps après par la Révolution ?

L'idéal hygiéniste

La mise en lumière par de nombreux médecins, philanthropes, romanciers et penseurs (Louis-René Villermé, Friedrich Engels, Charles Dickens…) des conditions de vie exécrables des classes populaires au sein des villes surpeuplées, encombrées et polluées – mises en perspective avec

---

1. A. Jacques, J.-P. Mouilleseaux, *Les architectes de la liberté*, *op. cit.*

2. C.-N. Ledoux, *L'architecture considérée sous le rapport de l'art, des mœurs et de la législation*, 1805, Paris (http://gallica.bnf.fr).

3. R. Eaton, *Cités idéales*, *op. cit.*

celles, soi-disant meilleures, des campagnes environnantes – sera sans aucun doute un des moteurs de la pensée utopique au cours du XIXe siècle, notamment du socialisme utopique représenté entre autres par Owen en Angleterre, Fourier et Cabet en France.

Le modèle d'organisation sociale et politique exposé en 1839 par Cabet dans son roman utopique *Voyage et aventures de Lord William Carisdall en Icarie*[1] est un bon exemple des récits imaginaires et des utopies urbaines du début de la révolution industrielle. Ce qui frappe d'emblée le lecteur, c'est que la société imaginée par Cabet apparaît étouffante, tant elle est codifiée et réglementée. L'ouvrage décrit la capitale Icara et l'aménagement des autres villes de ce « pays merveilleux ». Icara, qui compte un million d'habitants, est une ville circulaire (diamètre de 15 kilomètres) traversée par un fleuve absolument rectiligne. Les rues et les avenues, propres et bordées d'arbres, se croisent perpendiculairement formant un plan en damier. Les piétons circulent à l'abri des intempéries et des dangers de la circulation sur des trottoirs couverts (séparation des fonctions).

Cette cité idéale, que Cabet compare volontiers à un « nouveau paradis terrestre », est constituée de 60 quartiers, tous à peu près égaux. Chacun de ceux-ci porte le nom d'une des 60 principales villes du monde (Pékin, Londres…) et est construit dans le style architectural de chacune d'elle. Afin de préserver la pureté de l'air, les manufactures polluantes ainsi que les hôpitaux et les cimetières sont installés à la périphérie. L'hygiène est une préoccupation majeure à Icara – une des caractéristiques fortes du XIXe siècle : les rues pavées sont par exemple balayées et lavées quotidiennement grâce à un réseau

---

1. É. Cabet, *Voyage en Icarie*, Paris, Dalloz-Sirey, 2006.

de canalisations souterraines et de fontaines, et comble de la perfection hygiéniste, les buffets dans les logements sont hermétiquement clos afin qu'aucune poussière n'y pénètre. En outre, les notions d'efficacité et de rendement, ainsi que les règles morales, jouent un rôle de première importance dans les diverses propositions de Cabet pour une cité idéale, et ce sont elles qui justifient toute l'organisation sociale et politique contraignante pensée par ce communiste utopique.

Un peu plus tard, le projet de ville idéale *Hygeia* imaginé en 1876 par le célèbre médecin anglais Benjamin Ward Richardson aura des répercussions importantes au cours des décennies futures, dans la mesure où il influencera de nombreux architectes et urbanistes jusque dans les années 1960. Dans le cadre de ses activités professionnelles, le docteur Richardson est amené à rédiger *Hygeia, a City of Health*[1], sorte de roman-critique écrit sur le modèle d'*Utopia*. Ce livre, comme son titre l'indique, s'intéresse aux problèmes d'hygiène et de santé publique qui sont à l'époque nombreux et notamment dans les villes où le taux de mortalité est particulièrement élevé. Il connut un succès aussi immédiat qu'inattendu.

Sir Richardson, pour réunir les meilleures conditions d'hygiène dans sa ville idéale, prévoit une densité de population assez faible : 100 000 personnes réparties dans 20 000 maisons construites sur un peu plus de 1 600 ha. Les immeubles en hauteur qui assombrissent les rues sont prohibés. Par ailleurs, de larges voies arborées dessinent un plan en damier et les rues bordées de maisons basses reçoivent abondamment le soleil. Tout comme il sépare les circulations lourdes

---

1. B.W. Richardson, *Hygeia, une cité de la santé*, trad. fr., Paris, Éditions de La Villette, 2006.

et légères, Richardson envisage des portions de rues ou de quartiers rassemblant les édifices publics ou les bâtiments agricoles. Enfin, les habitants ont accès à une large gamme de services, tels que piscines, bains-turcs, gymnases, bibliothèques ou encore écoles et hôpitaux modulables et déplaçables.

Le critique d'art John Ruskin, dans cette veine hygiéniste, regarde le passé médiéval comme un âge d'or durant lequel les artisans sont directement impliqués dans le processus de création et de production d'objets beaux et utiles. Se référant à Platon, More et Bacon, Ruskin vante les villes comme Venise ou Cologne, pour leur taille humaine et leur magnifique architecture. Il souhaiterait recréer dans un nouveau cadre démocratique l'éthique communautaire médiévale. Sa vision correspond en fait à une préfiguration de la ville dense, autrement dit limitée spatialement. Le poète et architecte William Morris reconnaîtra toute sa vie sa dette envers Richardson et Ruskin. Tout comme ce dernier, révolté par le monde industriel, les produits manufacturés et l'architecture victorienne, Morris fera du Moyen Âge le point d'ancrage de son projet de société socialiste. Dans *Nouvelles de nulle part* (1890)[1], il propose une ville aux allures médiévistes, dans laquelle il n'y aurait plus d'usines aux cheminées crasseuses, plus d'État, plus de tribunaux, plus de prisons et de manière générale plus de bâtiments publics.

Le meilleur des mondes industriels

L'industriel Owen, qualifié par Karl Marx de socialiste utopiste, dénonce dès le début du XIXe siècle les conditions de

---

1. W. Morris, *Nouvelle de nulle part*, trad. fr., Montreuil, L'Altiplano, 2009.

travail épouvantables imposées aux ouvriers des fabriques anglaises, et tout particulièrement les cadences infernales du travail manufacturier ainsi que l'exploitation des plus jeunes enfants. Toutes les critiques avancées par Owen ne visent pas à supprimer le système industriel, qui est pour lui un processus inéluctable, mais plutôt à atténuer, voire éliminer les problèmes sociaux induits par la révolution industrielle et le libéralisme économique. Il est persuadé que pour le bien-être et l'épanouissement moral et physique des individus, il est nécessaire de conserver les progrès technologiques et les possibilités d'abondance qu'offrent les nouveaux moyens de production.

De ce point de vue, Owen propose en 1817 un projet de réforme sociale se situant en opposition à la ville misérable et laide. De dimension réduite (entre 300 et 2 000 personnes), les « villages industriels » qu'il imagine sont de forme carrée et divisés en parallélogrammes. Ils comprennent des structures communes (école, salle de lecture, théâtre, lieu de culte…), des dortoirs et des logements pour les familles avec enfants. Si ces villages sont surtout tournés vers l'agriculture, il n'en demeure pas moins que le travail industriel est présent au sein de fabriques situées à la périphérie du quadrilatère. Ainsi, Owen, un siècle avant Le Corbusier, organise l'espace en privilégiant la séparation des fonctions urbaines. Comme le note Frédéric Moret[1], dans les villages owenistes, deux importants écueils urbains sont écartés dès lors que l'on se place d'un point de vue utopique : 1) le mélange et la confusion des activités et des fonctions, 2) l'éloignement des différentes activités délétères.

---

1. F. Moret, « De New Harmony aux cités jardins », *Urbanisme*, 336, 2004.

Si la Grande-Bretagne, en raison de son développement industriel précoce et rapide dès la fin du XVIIIe siècle, constitue une terre particulièrement fertile en matière de réalisations de cités industrielles idéales[1], il n'en demeure pas moins que d'autres pays, comme la France ou les États-Unis, développeront aussi quelques modèles de cités utopiques. Le *Familistère*, par exemple, construit entre 1856 et 1882 dans le nord de la France à l'initiative de l'industriel Jean-Baptiste Godin[2], « retient particulièrement l'attention comme une tentative d'organisation idéale économiquement viable, socialement avancée et d'une remarquable longévité »[3].

Au début du XXe siècle, le machinisme devient – et cela ira en s'accentuant au cours des décennies à venir – le principal organisateur des villes à travers le monde. Dès lors la ville industrielle, concentrée, grande consommatrice d'espace et aménagée en fonction de l'automobile qui s'impose un peu partout, mobilise les débats tant de la part des hommes politiques, des industriels et des urbanistes que des architectes et des médecins hygiénistes. De façon générale, nous avons d'un côté les partisans du modèle de la ville industrielle, comme Tony Garnier, Le Corbusier ou encore Ludwig Karl Hilberseimer, et de l'autre tous les opposants à ce modèle urbain, tel Franck Lloyd Wright, bien que celui-ci fasse de l'automobile le moteur de son projet urbain *Broadacre City*[4].

---

1. Entre autres, la cité d'*Akroydon* édifiée en 1859 par l'homme d'affaires Edward Akroyd ou encore celle de *Port Sunlight* fondée en 1888 par l'industriel William Hesketh Lever.

2. Sur ce point, *cf.* T. Paquot (dir.), *Habiter l'utopie : le familistère Godin à Guise*, Paris, Éditions de La Villette, 2004.

3. R. Eaton, *Cités idéales*, *op. cit.*, p. 132. L'expérience « utopique » du Familistère durera jusqu'en 1968.

4. Cf. *infra*, p. 115.

L'architecte et urbaniste, Eugène Hénard, pointait dès 1903 une problématique émergente de la ville industrielle : l'importance que commençait à prendre la circulation automobile alors que Paris ne comptabilisait encore que 2 000 automobiles. « Quoique son apparition ne date que d'hier, écrivait-il, on peut prévoir que ce moyen de transport se substituera progressivement à tous les autres » [1]. Et il ajoutait : « Si le nombre de véhicules, bicyclettes, automobiles, augmente encore, et si leur quotité double en cinquante ans, la circulation deviendra vers 1950 *quasi* impossible à Paris ». À partir de cette approche prospective, Hénard en viendra à préconiser pour les automobiles des voies plus larges reliant directement les centres des grandes villes à leurs périphéries. La ville idéale hénardienne possède pour principales caractéristiques la fluidité de la circulation et la séparation des voies piétonnière et automobile. Aussi imagine-t-il des « carrefours à voies superposées », anticipant les échangeurs modernes, des « carrefours à giration » ainsi que des passages souterrains en vue de faciliter la traversée des voies automobiles par les piétons. En outre, cet urbaniste visionnaire avance un projet de voie à grande circulation qui incarne l'aménagement idéal de la cité future. Cette dernière serait constituée de trois ou quatre plates-formes superposées : la première pour les piétons et les voitures, la seconde pour les tramways, la troisième pour les canalisations diverses et l'évacuation des déchets, et la quatrième pour le transport des marchandises. « On aurait ainsi la rue à étages multiples, comme on a la maison à étages, et le problème général de la circulation pourrait être résolu, quelle

---

1. E. Hénard cité dans P. de Moncan, *Villes utopiques, villes rêvées*, Paris, Éditions du Mécène, 2003, p. 207.

que soit l'intensité de celle-ci »[1]. Cet aménagement urbain préfigure l'urbanisme fonctionnaliste tel qu'il sera développé par Garnier, Le Corbusier et Hilberseimer, entre autres, quelques années après.

La ville à la campagne ou la nature dans la ville

Le journaliste parlementaire anglais Howard imagine, dans les toutes dernières années du XIXe siècle, un modèle de planification des villes qu'il nomme *cité-jardin*. Ce schéma urbanistique devrait permettre selon lui d'éradiquer les fléaux urbains de l'époque tels que l'habitat insalubre, les banlieues à extension incontrôlées, la pollution industrielle, le manque d'hygiène et la spéculation foncière. Au centre de la réforme urbaine d'Howard[2], nous trouvons l'idée chère aux utopistes du XIXe siècle d'installer les villes à la campagne. Pour cela, l'auteur envisage de remplacer la trame urbaine existante par une autre entièrement nouvelle composée de cités-jardins regroupant chacune 30 000 habitants organisées autour d'un noyau central de 50 000 habitants, l'objectif étant *in fine* de créer des « cités sociales » de 250 000 citadins. Un tel programme, commente Anthony Sutcliffe[3], ne pouvait être

1. E. Hénard cité dans P. de Moncan, *Villes utopiques, villes rêvées*, *op. cit.*, p. 207.

2. E. Howard, *Les cités-jardins de demain. Garden Cities of To-morrow*, trad. fr., Paris, Sens Tonka, 1998. Le titre original de la première édition de 1898 est : *To-morrow : a peaceful Path to Real Reform* ; cet ouvrage est toutefois mieux connu sous le titre que porte l'édition de 1902, *Garden Cities of To-morrow*.

3. A. Sutcliffe, « Le contexte urbanistique de l'œuvre d'Henri Sellier : la transcription du modèle anglais de la cité-jardin », dans K. Burlen (dir.), *La banlieue oasis. Henri Sellier et les cités-jardins (1900-1940)*, Saint-Denis, Presses Universitaires de Vincennes, 1987.

discuté sérieusement qu'en Grande-Bretagne, pays qui atteignait au tournant du XIXe et du XXe siècles son niveau maximal d'urbanisation avec 80% de sa population vivant en ville.

La cité-jardin doit occuper une superficie de 400 ha sur laquelle vivent 30 000 personnes, soit en moyenne 75/ha, contre 142/ha en moyenne dans le comté de Londres à l'époque. Elle comprend de nombreux parcs aménagés dans une proportion de 3,6 ha pour 1 000 habitants. Sur le plan urbanistique, limiter la densité de la population apparaît une idée assez classique, mais l'originalité du projet d'Howard réside dans les trois propositions suivantes : 1) le maintien d'une ceinture permanente de terrain non bâti consacrée à l'agriculture faisant partie intégrante de la cité ; 2) la limitation du peuplement au nombre prévu à l'origine ; 3) le transfert dans le nouveau secteur urbain d'industries capables de donner des moyens d'existence à la plus grande partie de la population. Le système d'Howard va plus loin qu'un simple plan d'urbanisme. Il imagine aussi une organisation sociale mi-collectiviste (les terrains sont propriété de la société coopérative et loués pour 99 ans à chaque famille), mi-individuelle (chacun décide du style de sa maison). En fait, il développe un « personnalisme communautaire » : à chacun sa maison dans un cadre structuré par des règles librement consenties [1].

Le principal instigateur de l'importation en France, au début du siècle, du modèle utopique de la cité-jardin est Georges Benoît-Levy. Ce juriste, associé à la Ligue du coin de terre et du foyer mise en place par l'abbé Lemire [2], reprend les

1. K. Burlen, « Henri Sellier et la mystique des cités-jardins », dans R. Quilliot, R.-H. Guerrand, *Cent ans d'habitat social. Une utopie réaliste*, Paris, Albin Michel, 1989, p. 84.

2. Cf. *infra*, p. 119.

réflexions théoriques d'Howard. Fidèle aux idées développées par les réformateurs modérés de l'Église catholique, il propose de réunir le travail industriel et le travail agricole : l'instrument de ce mariage serait les banlieues-jardins. De 1921 à 1939, le directeur de l'Office public des Habitations à bon marché (OPHBM) de la Seine, Henri Sellier, fait des cités-jardins un élément central de l'aménagement de la banlieue parisienne : quinze banlieues-jardins sont construites autour de la capitale (entre autres à Drancy, Châtenay-Malabry et Suresnes).

La ville radieuse

De son côté, Le Corbusier commence à énoncer ses conceptions sur le logis fonctionnel et ses perspectives de restructuration des villes au cours des premières décennies du XXᵉ siècle, conceptions et perspectives qui ont déjà été avancées d'une certaine façon par les utopistes socialistes, les phalanstériens et les philosophes sociaux du XIXᵉ siècle. Ces différents projets de cités idéales, notamment ceux de la *Ville contemporaine de trois millions d'habitants* et de la *Ville radieuse*, sont organisés autour : 1) du slogan des hygiénistes « du soleil, de l'espace, de la verdure pour tous les logis », 2) d'une farouche dénonciation de la ville historique associée à une nécessité de faire *tabula rasa* des centres-villes anciens, et 3) du fonctionnalisme postulant que les trois fonctions fondamentales pour l'Homme (habiter, travailler, se cultiver le corps et l'esprit) ne doivent pas s'entremêler. Par ailleurs, les cités utopiques proposées par Le Corbusier, pensées de façon cartésienne et ponctuées d'immeubles de grande hauteur, sont élaborées pour fonctionner comme des « machines à habiter ». Ainsi, grâce aux prouesses de la construction industrielle, des millions de résidents profiteront «des avantages d'une planification rationnelle dans des gratte-ciel qui, à certains égards, évoquent des phalanstères verticaux »[1].

Le projet d'une ville de trois millions d'habitants, dévoilée au salon d'Automne de Paris en 1922, possède un plan symétrique en échiquier dans lequel les circulations s'articulent autour de deux grands axes se croisant à angle droit dans une immense gare centrale où convergent tous les transports publics – préfiguration en fait des *hubs multimodaux* des villes mondialisées. Dans cette ville idéale, l'organisateur central de la société ne serait donc plus un palais ou un lieu de culte mais un vaste centre de transports et de communications, fonctionnant comme une véritable «pompe cardiaque» (*cf.* la gare centrale de Brasilia). Autour de cet échangeur se dressent 24 immeubles de 60 étages hébergeant les sièges sociaux des entreprises et des banques ainsi que les instances politiques dirigeantes. À proximité des tours de bureaux, se déploie le quartier résidentiel destiné aux cadres : immeubles composés d'appartements-villas possédant chacun un jardin suspendu. Ces immeubles, équipés de services communs (blanchisserie, restauration…), n'occupent que 15% de la surface urbaine : les rues sont éliminées et les citadins disposent de vastes espaces verts au pied des bâtiments. Les travailleurs manuels, quant à eux, résident dans les faubourgs au sein de villes satellites où ils bénéficient de nombreux équipements sportifs et culturels.

Le Corbusier proposera diverses variantes de la ville contemporaine, notamment le *plan Voisin* pour Paris en 1925. Il envisage dans celui-ci de raser complètement plusieurs quartiers du centre de Paris situés sur la rive droite de la Seine

---

1. R. Eaton, *Cités idéales*, *op. cit.*, p. 200.

(près de 5 km^2), ne sauvegardant que de rares monuments historiques. Sur ce vaste espace rendu libre, Le Corbusier prévoit d'implanter 18 gratte-ciel cruciformes « noyés » dans la verdure et sectionnés par des autoroutes urbaines traversant le centre de la capitale.

L'architecte et urbaniste allemand Hilberseimer propose en 1929, à l'instar de Le Corbusier pour Paris, de faire *tabula rasa* du centre de Berlin. Dans son projet de *Hochhausstadt* (1924), cet enseignant du *Bauhaus* superpose une série de tours d'habitation de 15 étages sur un quartier d'affaires constitué de barres de 6 niveaux, et ce à partir d'un schéma rectangulaire. La différence d'emprise entre les immeubles supérieurs et inférieurs donne naissance à de vastes promenades aménagées sur les terrasses des bâtiments administratifs. Par ailleurs, le projet de *Hochhausstadt* sépare strictement les voies de circulation piétonnes (aériennes) et automobiles (au rez-de-chaussée). Pour Hilberseimer[1], *Hochhausstadt* doit avoir le caractère d'une réalisation programmée avec un plan clair et ordonné afin que la circulation soit la plus fluide possible. Dans les années 1960, l'architecte allemand fait assez étonnamment une critique de son projet de cité idéale imaginée entre les Deux Guerres mondiales. Il la décrit alors comme impersonnelle, voire inhumaine, et estime que son paysage d'asphalte et de béton complètement stérile ressemblait plus à une nécropole qu'à une métropole[2].

1. L. Hilberseimer, *Groszstadt architektur. L'architettura della grande città*, Napoli, C.L.E.A.N., 1981 (http://www.kosmograph.com/urbanism/urbana/urbana_mod_4.htm).

2. L. Hilberseimer, *Entfaltung einer Planungsidee*, Berlin, Ullstein, 1963.

La cité idéale durable du futur

À l'aube du XXIᵉ siècle, la ville est devenue dans toutes les régions du monde la forme prédominante d'établissement humain : près de 80% des européens, des américains et des australiens vivent désormais dans des agglomérations urbaines, tandis que l'Afrique et l'Asie s'urbanisent à grands pas. Au cours des cinquante dernières années, le monde a en effet connu une croissance spectaculaire de sa population urbaine. La vitesse et le rythme de cette croissance, qui s'est surtout concentrée dans les régions les moins développées de la planète, continuent de poser un véritable défi à la communauté internationale dans son ensemble. Depuis 2007, la population urbaine a atteint 50% de la population mondiale, soit 3,3 milliards d'individus, et au cours des années 2030/2040, elle s'élèvera certainement à plus de 80%, représentant plus de 5 milliards de citadins.

Face à cette évolution urbaine, la gestion des développements résultant de cette croissance démographique et la création d'environnements urbains durables sont devenues les points prioritaires inscrits à l'agenda politique des dirigeants de chaque pays ainsi que des grandes organisations internationales. Concentration urbaine, étalement urbain, augmentation des déplacements motorisés, réchauffement climatique et épuisement inexorable des ressources naturelles représentent autant d'éléments à l'origine des projets de cités utopiques.

Au regard des défis urbains à relever, la ville idéale d'aujourd'hui s'inscrit immanquablement dans le cadre du développement durable, à l'image d'*Al Masdar City*, un projet de ville écologique en plein milieu du désert dans l'émirat d'Abu Dhabi dont les travaux ont commencé en 2008. Cette écoville, se voulant paradigmatique de l'ère de l'après-pétrole, a été imaginée pour être la plus économe possible en eau et en énergie, le tout avec un impact environnemental réduit au maximum. Dépourvue de gratte-ciel, Al Masdar City ressemblera aux villes fermées traditionnelles des Émirats Arabes Unis, avec des ruelles étroites, ombragées et piétonnes, sans voitures : la bicyclette et les tramways électriques seront privilégiés. Structurée selon un plan carré et entourée de murs destinés à la protéger des vents chauds du désert, cette ville verte, fonctionnant à l'énergie solaire et éolienne, pourra accueillir 50 000 habitants. Le recyclage sera également à la pointe de ce qui se fait de mieux en la matière, avec notamment l'objectif de réduire la consommation d'eau de mer dessalée de 80 % et de réutiliser des eaux usées pour irriguer des cultures destinées à l'alimentation et à la production de biocarburants.

Les cités idéales s'inscrivent également en ce début de XXIᵉ siècle dans une remise en cause du modèle de la ville diffuse. Depuis quelques années, les critiques relatives à l'étalement urbain qui grignote toujours plus les paysages naturels se font de plus en plus sévères. Une poignée de « visionnaires » (architectes, urbanistes, responsables politiques, philosophes, sociologues…) avance comme remède au mitage des campagnes le modèle de la ville compacte. Pour l'architecte-urbaniste Yves Lion[1], par exemple, la ville idéale ne peut pas éliminer les tours. D'une centaine de mètres de haut, les tours doivent mêler logements, bureaux et activités, et surtout ne pas posséder de parking – la cité du future privilégiera les transports en commun. Dans le même sens, l'architecte Jacques Ferrier[2] affirme que la clef fondamentale d'une tour c'est la

1. Y. Lion, « Pour un habitat en tours », *Urbanisme*, 354, 2007, p. 72.
2. J. Ferrier, « Pour une écotour », *Urbanisme*, 354, 2007, p. 62-65.

mixité des usages. Autrement dit, mélanger des logements et des bureaux permet de réduire le nombre de places de parking, d'utiliser la chaleur dégagée par les bureaux afin de chauffer les appartements, de créer les services et des jardins communs, bref de réaliser des économies d'énergie et de promouvoir une vie collective plus dense.

Si les tours construites au cours des années 1970 sont rejetées, c'est certainement tout autant dû à leur implantation inadéquate dans l'espace public qu'à leur hauteur proprement dit. En effet, Ferrier[1] note que les tours réalisées en France sont complètement déconnectées de leur environnement et de l'espace public. Indéniablement, ce qui fait la qualité d'une tour, c'est la possibilité pour le citadin de pouvoir circuler librement au rez-de-chaussée. Les tours à New York ne sont pas coupées de l'espace public : la tour IBM possède par exemple un vaste atrium arboré en son rez-de-chaussée dans lequel les citadins peuvent se divertir en lisant, se reposer en buvant une boisson ou simplement traverser. Ce qui fait le charme des villes américaines, précise Lion[2], c'est que les grands immeubles sont posés au sol, « ils sont une porte et on rentre simplement, comme partout ailleurs, pas de parcours du combattant ! L'échelle de la tour n'est pas incompatible avec l'échelle de la rue, au contraire. C'est une question de relation ». Pour qu'elles puissent « faire ville durable », les tours doivent sûrement être contextualisées, c'est-à-dire intégrées au contexte urbain environnant, et surtout implantées en continuité avec la ville, ouvertes sur elle, et non posées inopinément sur une dalle au gré des fantaisies architecturales.

---

1. J. Ferrier, « Pour une écotour », art. cit., p. 63.
2. Y. Lion, « Pour un habitat en tours », art. cit., p. 72.

Partant de l'idée que la croissance, l'urbanisation et l'industrialisation ne sont pas un mal en soi, d'autres architectes et urbanistes proposent un réaménagement urbain complet, notamment la construction d'immeubles écologiques. William McDonough travaille dans ce sens sur des édifices « éco-efficaces ». Pour cet architecte, né au Japon, très marqué par la pollution et les coupures d'eau régulières de Tokyo, un bâtiment pourrait, comme un arbre, produire de l'oxygène, séquestrer du carbone, distiller de l'eau et se chauffer à l'énergie solaire. McDonough a déjà conçu un bâtiment pour le collège d'Oberlin dans l'Ohio (USA) qui produit plus d'énergie qu'il n'en consomme. Toujours aux États-Unis, à River Rouge (Michigan), il a construit l'usine Ford. D'un point de vue écologique, celle-ci est organisée autour des 4 ha de toits arborés qui isolent l'usine, filtrent les émissions, redirigent l'eau de pluie vers la rivière située à proximité, attirent les oiseaux et économisent la climatisation et le chauffage. Mcdonough rêve de cités idéales « renaturalisées », offrant des « jardins suspendus » et des « potagers urbains »[1].

Dans le même esprit, l'architecte Luc Schuiten[2], tout en dépassant le cadre urbanistique et environnemental d'aujourd'hui, imagine les différentes étapes d'une transformation globale des villes jusqu'à l'horizon des sociétés lointaines (au-delà de 2100) pour aboutir *in fine* à un monde

---

1. F. Joignot, « Écologie industrielle. La nature pour patron », *Le Monde 2*, 4/2004.

2. L. Schuiten, *Vers une cité végétale*, Wavre, Mardaga, 2010 (textes de P. Loze). Schuiten lance depuis une quarantaine d'années des appels alarmistes auprès des décideurs politiques et des opérateurs de la ville pour montrer le caractère dévorant des villes et de l'asphalte, ainsi que pour leur faire prendre conscience que les ressources naturelles ne sont pas inépuisables.

urbain complètement réconcilié avec la nature. S'affranchissant des contraintes techniques afin de laisser libre cours à son imaginaire, l'architecte belge dessine toute une série de planches suggérant tout un parcours allant de la ville minéralisée d'aujourd'hui à la ville végétalisée de demain. Incontestablement, il rejoint la lignée des architectes utopiques dans la mesure où il s'appuie sur des épures d'une grande efficacité suggestive annonçant la ville idéale écologique.

Schuiten imagine et anticipe depuis des années les transformations progressives de Bruxelles qui déboucheront sur une ville idéale, entendons une ville jardin écologique. Réinventant l'échelle locale, il la voit organisée par quartier, mettant à profit toutes les ressources dont elle dispose pour atteindre l'autonomie. Les immeubles, hérités des siècles passés, se métamorphoseront progressivement pour accueillir de nouvelles technologies d'approvisionnement en eau et en énergie ainsi que pour recevoir des plantations verticales. Leurs façades arrières se transformeront en vastes serres captant l'énergie solaire afin de constituer des espaces de vie. Leurs façades sur rue accueilleront comme des greffons des cultures en espalier et des loggias potagères. Leurs toitures pentues se transformeront en toits terrasses arborés mêlant les fonctions urbaine chlorophylienne et d'isolation thermique. Au cœur des îlots urbains, des jardins seront aménagés en vue d'accueillir des étangs de lagunage et d'épuration des eaux, des viviers de poissons et des potagers.

Ainsi, lentement, étape par étape, Bruxelles passera, selon Schuiten, du tout urbain minéral au tout urbain végétal, diminuant ses surfaces d'asphalte et de pavés pour les remplacer par des espaces couverts de végétaux. L'architecte belge n'entend pas transformer la ville de façon radicale, il privilégie plutôt la réorganisation urbaine lente et progressive à l'image du patient travail du jardinier qui utilise les techniques de la greffe, du marcottage et de la bouture. C'est ainsi que Schuiten

> entend régénérer les villes et en refaire des villages habitables. Il suggère des processus qui sont à la fois une écologie sociale et naturelle, qui induisent des organisations douces, la diversité, des systèmes complexes, des coexistences, des affinités, des sympathies [1].

La question de la ville utopique réconciliée avec la nature n'a jamais été, depuis quelques années, autant au cœur des débats politiques. Quelle est la cité idéale pour demain? Quelle ville doit être privilégiée : la ville diffuse ou la ville dense? La ville des pavillonnaires ou la ville des tours? Les acteurs d'une planification urbaine idéale vont désormais devoir prendre en compte les exigences du développement durable mais aussi penser aux échelles d'intervention. L'urbain est aujourd'hui mondialisé, le citadin est également engagé dans cette mondialisation, mais une chose est sûre, celui-ci reste attaché – et restera attaché – à sa ville, à son quartier, à son chez soi pour se retrouver en famille, entre amis, se ressourcer identitairement et se repérer spatialement. La cité idéale de demain est et sera *globo-locale*.

Si la ville a été de tout temps au cœur de l'imaginaire utopique, il s'avère qu'au regard des défis actuels tout à la fois politiques, écologiques et économiques, *elle continue et continuera à n'en pas douter à être le support d'utopies* dont l'enjeu n'est plus seulement de relativiser l'ordre social existant mais de redéfinir la place de l'être humain et de la nature dans un

---

1. L. Schuiten, *Vers une cité végétale*, *op. cit.*, p. 82.

environnement de plus en plus artefactuel. En d'autres termes, la ville reste le cadre à travers lequel l'imaginaire utopique s'incarne de façon privilégiée et manifeste. Aussi la ville peut-elle être considérée comme la forme paradigmatique de l'utopie. Les rhétoriques utopiques, qui dessinent les contours de la vie sociale dans un cadre urbain, se confondent avec les discours urbanistiques. Dans ce sens, parler d'utopie urbaine ne relève-t-il pas du pléonasme?

TEXTES ET COMMENTAIRES

TEXTE 1

CHARLES FOURIER
Traité de l'association domestique et agricole *

Nous supposerons l'essai fait par un souverain ou par un particulier opulent… ou enfin par une compagnie puissante, qui voudrait éviter les tâtonnements et organiser d'emblée la grande Harmonie, la 8ᵉ période en plénitude. Je vais indiquer la marche à suivre en pareil cas.

Il faut, pour une association de mille cinq cents à mille six cents personnes, un terrain contenant une forte lieue carrée, soit une surface de six millions de toises carrées. (N'oublions pas qu'il suffira du tiers pour le mode simple.)

Que le pays soit pourvu d'un beau courant d'eau, qu'il soit coupé de collines et propre à des cultures variées, qu'il soit adossé à une forêt et peu éloigné d'une grande ville, mais assez pour éviter les importuns.

La Phalange d'essai, étant seule et sans appui de Phalanges vicinales, aura, par suite de cet isolement, tant de lacunes

* Ces extraits de texte de Charles Fourier sont tirés du *Traité de l'association domestique et agricole*, 1ʳᵉ édition, Paris-Londres, Bossange, 1822, 2 volumes, vol. 2, p. 9-10, 31-33, 36-38, 78 et vol. 1, p. 369 et 466.

d'attraction, tant de calmes passionnels à redouter dans ses manœuvres, qu'il faudra lui ménager soigneusement le secours d'un bon local approprié aux variétés de fonctions. Un pays plat comme Anvers, Leipzig, Orléans, serait tout à fait inconvenant et ferait avorter beaucoup de séries, à égale surface de terrain.

Il faudra donc rechercher un pays coupé, comme les environs de Lausanne, ou tout au moins une belle vallée pourvue d'un courant d'eau et d'une forêt, comme la vallée de Bruxelles à Hal. Un beau local, près Paris, serait le terrain situé entre Poissy et Conflans, Poissy et Meulan.

On rassemblera mille cinq cents à mille six cents personnes d'inégalité graduée en fortunes, âges et caractères, en connaissances théoriques et pratiques; on ménagera dans cette réunion la plus grande variété possible; car plus il existera de variété dans les passions et facultés quelconques des sociétaires, plus il sera facile de les harmoniser en peu de temps.

On devra donc réunir dans ce canton d'essai tous les travaux de culture praticable, y compris ceux des serres chaudes et fraîches; y ajouter pour l'exercice d'hiver et des jours de pluie au moins trois manufactures accessoires; plus diverses branches de pratique en sciences et arts, indépendamment des écoles.

[…]

L'édifice qu'habite une phalange n'a aucune ressemblance avec nos constructions, tant de ville que de campagne […].

Le centre du Palais ou Phalanstère doit être affecté aux fonctions paisibles, aux salles de repas, de bourse, de conseil, de bibliothèque, d'étude, etc. Dans ce centre sont placés le temple, la tour d'ordre, le télégraphe, les pigeons de correspondance, le carillon de cérémonie, l'observatoire, la cour d'hiver garnie de plantes résineuses et placée en arrière de la cour de parade.

L'une des ailes doit réunir tous les ateliers bruyants, comme charpente, forge, travail au marteau ; elle doit contenir aussi tous les rassemblements industriels d'enfants, qui sont communément très bruyants en industrie et même en musique [...].

L'autre aile doit contenir le caravansérail, avec ses salles de bal et de relations des étrangers, afin qu'ils n'encombrent pas le centre du palais et ne gênent pas les relations domestiques de la Phalange.

[...]

Les rues-galeries sont une méthode de communication interne qui suffirait seule à faire dédaigner les palais et les belles villes de civilisation. Quiconque aura vu les rues-galeries d'une Phalange envisagera le plus beau palais civilisé comme un lieu d'exil, un manoir d'idiots qui, en trois mille ans d'études sur l'architecture, n'ont pas encore appris à se loger sainement et commodément [...].

La Phalange n'a point de rue extérieure ou voie découverte exposée aux injures de l'air ; tous les quartiers de l'édifice hominal peuvent être parcourus dans une large galerie qui règne au premier étage et dans tous les corps de bâtiment ; aux extrémités de cette voie sont des couloirs sur colonnes ou des souterrains ornés, ménageant dans toutes les parties et attenances du palais une communication abritée, élégante et tempérée en toute saison par le secours des poêles ou des ventilateurs.

[...]

Un des ressorts les plus puissants pour concilier le pauvre et le riche, c'est l'*esprit de propriété sociétaire* ou composée. Le pauvre, en Harmonie, ne possédât-il qu'une parcelle d'action, qu'un vingtième, est propriétaire du canton entier, *en participation*; il peut dire «nos terres, notre palais, nos châteaux, nos forêts, nos fabriques, nos usines». Tout est sa propriété, il est intéressé à tout l'ensemble du mobilier et du territoire.

Si, dans l'état actuel, on détériore une forêt, cent paysans le verront avec insouciance. La forêt est propriété simple; elle n'appartient qu'au seigneur; ils se réjouissent de ce qui peut lui préjudicier et s'efforceront furtivement d'accroître le dégât. Si le torrent emporte des terres, les trois quarts des habitants n'en ont pas sur ses bords et se rient du dommage. Souvent ils se réjouissent de voir les eaux ravager le patrimoine d'un riche voisin, dont la propriété est simple, dépourvue de liens avec la masse des habitants, à qui elle n'inspire aucun intérêt.

En Harmonie, où les intérêts sont combinés et où chacun est associé, ne fût-ce que pour la portion de bénéfice assignée au travail, chacun désire constamment la prospérité du canton entier; chacun souffre du dommage qu'essuie la moindre portion du territoire. Ainsi, par intérêt personnel, la bienveillance est déjà générale entre les sociétaires, par cela seul qu'ils ne sont pas salariés, mais co-intéressés […].

[…]

Un prince n'atteint pas au centième de la richesse d'un harmonien de dernière classe. Le charme des vêtements ne consiste pas à être chamarré d'or, mais pourvu dans tous les cas d'habillements commodes et assortis à la circonstance, aux fonctions du moment. Si ce prince veut, en hiver, aller des bals aux assemblées, il n'a point de communications couvertes et chauffées. Cependant l'atmosphère et les abris sont une portion intégrante de nos vêtements. Quant à la partie qu'on nomme étoffe, le plus pauvre des harmoniens sera en ce genre l'égal de nos princes, parce que l'ordre sociétaire multipliera les vigognes, castors et cachemires à tel point que ces laines seront à portée de la classe pauvre et que les qualités dites ségovianes seront réservées pour les emplois ordinaires, schabraques, voitures ; puis les qualités dites Berny, Flandres, pour les habits de travail […].

[…] Le Roi de France n'a pas même un porche pour monter en voiture à l'abri des injures de l'air : quelle est comparativement la pauvreté d'un plébéien qui, à l'armée, est obligé de bivouaquer sur la neige ou dans la boue ! Tandis que, dans l'état sociétaire, il ne travaille en plein air qu'en temps opportun et trouve sur tous les points du canton des belvédères ou kiosques où sont disposés les tentes et habits spéciaux, et où l'on amène, à la fin de la séance d'une heure et demie ou deux heures, des rafraîchissements, puis des voitures en cas de pluie, etc.

[…]

L'esprit de propriété est le plus fort levier qu'on connaisse pour électriser les civilisés ; on peut, sans exagération, estimer au double produit le travail du propriétaire, comparé au travail servile ou salarié. On en voit chaque jour les preuves de fait. Les ouvriers, d'une lenteur et d'une maladresse choquante lorsqu'ils étaient à gages, deviennent des phénomènes de diligence lorsqu'ils opèrent pour leur compte.

On devait donc, pour premier problème d'économie politique, s'étudier à transformer tous les salariés en propriétaires co-intéressés ou associés.

COMMENTAIRE

Une critique acerbe de toute activité mercantile

L'analyse de Charles Fourier part du constat que Dieu, qui est bon, a créé un univers selon un plan harmonieux. Cette harmonie devrait se réaliser dans les «quatre mouvements» que sont les mouvements matériel, animal, organique et social[1]. D'après ce réformateur social, l'harmonie devrait être une composante universelle, mais force est de constater qu'elle fait parfois défaut. À n'en pas douter, l'harmonie règne dans la trajectoire des corps célestes étant donné que des lois mathématiques régissent le mouvement des astres, évitant ainsi qu'ils s'entrechoquent. Elle gouverne également le monde animal, à travers les instincts fixés par Dieu. Par ailleurs, l'harmonie est au cœur du vivant dans la mesure où elle régule la vie biologique en déterminant la finalité des organes et de leurs fonctions. Mais en revanche, il est un domaine où l'harmonie n'est pas au rendez-vous, c'est celui des sociétés humaines. Celles-ci donnent en effet à voir l'image de la désorganisation et de l'incohérence. Dieu, qui est bon, tout

---

1. C. Fourier, *Théorie des quatre mouvements et des destinées générales*, Paris, Librairie sociétaire, 1841 (1re édition 1808).

puissant et qui ne crée que la perfection, ne peut être en aucun cas selon Fourier à l'origine de cette « dysharmonie ». Dès lors, seul l'homme en porte la responsabilité.

Les causes du « dysfonctionnement » social, qui caractérise la « civilisation »[1] fondée sur un certain nombre d'injustices et d'incohérences, sont à rechercher dans l'avènement d'une société hyper-concurrentielle, vouée à la spéculation et inféodée aux intérêts des banquiers, des commerçants et des trusts. Très jeune, Fourier prend conscience de l'organisation sociale inégalitaire sur laquelle est construite la société de son époque. Il note par exemple les contradictions entre d'un côté, les discours sur la probité, la justice et l'honnêteté entendus au catéchisme ou à l'école et de l'autre, les pratiques des commerçants organisées autour de la feinte, du mensonge, de la tromperie et de la ruse observées au sein de sa famille[2]. Cette malhonnêteté professionnelle à l'égard du client transforme selon lui le commerce en une décharge d'immondices morale. Élevé dans un milieu mercantile, il vouera très jeune une aversion secrète et profonde pour tout ce qui se rapproche de près ou de loin aux activités du commerce et du négoce. Dès sept ans,

1. C. Fourier n'utilise le mot « civilisation » que dans un sens péjoratif. C'est le nom qu'il donne à la cinquième phase de sa proposition de mouvement social qui compte au total trente-six périodes à parcourir. La « civilisation » correspond à la société du début du XIXe siècle dominée par le capitalisme mercantile et industriel.

2. En effet, C. Fourier a durant toute son enfance côtoyé de très près le monde du commerce et de l'argent : son père était marchand de drap aisé et socialement considéré – il occupera les fonctions de Premier juge consulaire, c'est-à-dire Président du Tribunal de commerce – et sa mère était issue d'une famille de négociants.

Fourier fit le serment qu'Annibal formula à neuf ans contre Rome : « Je jurai, dit-il, une haine éternelle au commerce » [1].

Un peu plus tard, jeune adulte, Fourier raconte qu'après un séjour à Rouen, il découvrit lors d'un dîner à Paris qu'une pomme pouvait être vendue cent fois plus cher d'une région à l'autre :

> Je sortais alors d'un pays, écrit le réformateur social, où des pommes égales, et encore supérieures en qualité et en grosseur, se vendaient un demi-liard [2], c'est-à-dire plus de cent pour quatorze sous. Je fus si frappé de cette différence de prix entre pays de même température que je commençai à soupçonner un désordre fondamental dans le mécanisme industriel, et de là naquirent des recherches qui au bout de quatorze ans me firent découvrir la théorie des séries de groupe industriel, et par la suite les lois du mouvement universel manquées par Newton [3].

Cette anecdote marquera durablement Fourier au point qu'il considérera cette pomme comme sa « boussole de calcul ».

Les commerçants sont pour lui des « parasites », des « corsaires » et des « rapaces », parce qu'ils ne produisent rien et parce qu'ils vivent au détriment des paysans et des manufacturiers d'un côté, et des consommateurs de l'autre. C'est ainsi qu'en raison de leur malhonnêteté, ils deviennent la cause des malheurs du peuple. Fourier militera toute sa vie pour l'éradication de toute activité commerciale même s'il en reconnaît parfois des aspects positifs :

---

1. Manuscrit publié dans la *Phalange*, janvier 1848.

2. Un liard est égal à un quart de sou, sachant qu'un sou vaut cinq centimes, soit le vingtième du franc.

3. C. Fourier, *Publication des manuscrits de Fourier*, Paris, Librairie phalanstérienne, Année 1851, p. 16-17.

Eh! que nous importe si le commerce tend à quelque but louable, quand il est avéré qu'il est pour les modernes une boîte de Pandore d'où se répandent sur le globe entier des torrents de calamités! Or, quand un arbre ne produit que des fruits vénéneux, qu'y a-t-il à faire que de l'abattre et d'en extirper jusqu'aux racines? Voilà l'arrêt du commerce; il est temps qu'il descende du trône de l'opinion, qu'il soit voué à l'opprobre et qu'il disparaisse des sociétés humaines, où il ne porte que la dépravation et le ravage [1].

Dans une veine similaire, Fourier rappellera souvent que les manufactures prospèrent en raison inverse de l'appauvrissement des ouvriers [2]. Il voit donc la période de « civilisation » du début du XIXe siècle, où la pauvreté naît de l'abondance même, comme un « enfer social » [3], comme une période marquée par l'« indigence », la « fourberie », l'« oppression » et le « carnage ». Il est clair pour Fourier que la société est en proie au chaos social, que le genre humain souffre de dysfonctionnements sociaux de plus en plus importants. Or, l'homme est fait, insiste le réformateur social, pour le bonheur, et « le monde serait incompréhensible si le bonheur de l'homme ne devait pas être réalisé un jour par la providence divine ». Il faut donc trouver selon lui la grande loi selon laquelle toute société doit être organisée pour se conformer à l'harmonie du monde que Fourier appelle le « Plan de Dieu » [4].

1. C. Fourier, *Publication des manuscrits de Fourier*, Paris, Librairie phalanstérienne, Années 1853-1856, p. 77.

2. C. Fourier, *Le Nouveau Monde industriel et sociétaire*, Paris, Librairie sociétaire, 1848.

3. *Ibid.*, p. 35.

4. Cité par J. Servier, *Histoire de l'utopie*, *op. cit.*, p. 249.

La morale réprime les passions

En tant que construit humain, la morale, ou plutôt les morales inhérentes aux différents groupes sociaux, a eu tendance à rejeter les passions considérées par Fourier comme des créations de Dieu, si bien que les rejeter revient à renier la providence divine. Autrement dit, les morales, quelles qu'elles soient, rendent l'être humain extérieur à lui-même, à sa propre sacralité. Quant aux passions, elles sont l'expression de la nature humaine et de l'universalité transcendante. De ce point de vue, Fourier propose non seulement un holisme social, mais aussi un holisme ontologique. Si l'on suit le raisonnement de Fourier, on peut même aller jusqu'à dire que la morale traditionnelle est utopique dans la mesure où elle se propose de réaliser le bien en recourant à des méthodes qui bannissent le mal, entendons les désirs consubstantiels aux êtres humains qui menacent l'ordre, ou, du point de vue de Fourier, le « désordre » institué par ce que Howard Samuel Becker appellera plus tard « les entrepreneurs de morale »[1].

Les prescriptions normatives ont notamment évacué l'une des plus profondes, intenses et extrêmes passions qui puisse exister : l'amour, véritable esprit de Dieu, passion ultime où la réelle présence divine n'est jamais aussi forte. Ce refoulement de ce que Dieu a mis de plus beau en chacun de nous doit être considéré du point de vue fouriérien[2] comme un acte indigne.

---

1. H.S. Becker, *Outsiders*, Paris, Métailié, 1985.
2. Il serait maladroit ici de parler de point de vue « fouriériste » dans la mesure où Fourier lui-même craignait tout fouriérisme susceptible de déboucher sur la création d'un cadre moral prêché par une école, une chapelle ou même un parti politique. À ce propos, notons que si les épigones de Fourier ne se reconnaissent pas dans une individualité mais bien plus dans un savoir, il reste qu'ils se réclameront du Mouvement sociétaire.

Pourquoi s'aliéner, se demande Fourier, à une morale tellement humaine qu'elle en devient inhumaine en niant la création divine alors qu'il serait bien plus salutaire de suivre la voie tracée par Dieu révélée par les passions humaines ? Ce questionnement vaut tout particulièrement pour les pulsions sexuelles sans cesse opprimées par la morale culpabilisante. Ici, Fourier annonce non seulement les analyses nietzschéennes sur le dépassement du bien et du mal, mais aussi les réflexions freudiennes sur la place importante de la sexualité dans la vie humaine et tout particulièrement sur le « malaise dans la civilisation »[1].

De tout temps, s'indigne Fourier, les moralistes et les législateurs ont voulu changer la nature humaine pour l'adapter au milieu social alors institué. Or ce dernier est l'*œuvre de l'homme*, donc modifiable, alors que l'homme en lui-même est l'*œuvre de Dieu*, donc difficile à transformer sous peine de perturber l'harmonie divine. Aussi vaut-il mieux s'attacher à changer la société pour la rendre compatible avec les passions qui meuvent les hommes et qui, surtout, sont toutes dépositaires d'un fragment de l'intangible. De ce point de vue, Fourier fonde sa réflexion sur un rejet de la morale au nom de la religion – au nom de ce qui procède directement de la puissance divine – ce qui le démarque tout à la fois d'Emmanuel Kant qui établit la religion sur la morale présentée ici comme un postulat de la raison pratique, de Pierre-Joseph Proudhon qui lui récuse la religion au nom de la morale en assimilant Dieu au mal, ou encore de Friedrich Nietzsche qui, de son côté, conteste, et la religion, et la morale. En d'autres termes, Fourier cherche les fondements de la vie

---

1. S. Freud, *Malaise dans la civilisation*, Paris, Payot, 2010.

sociale au-delà des idées humaines, des normes et des institutions sociétales (école, famille, travail, État…).

L'universel au fondement de la société

Seule la nature fondamentale de l'homme telle que Dieu l'a pensée et voulue, incarnée par les passions, est susceptible d'engendrer l'harmonie universelle (et donc *a fortiori* sociale) dès lors qu'on laisse la porte ouverte à l'expression passionnelle, source de bonheur et d'épanouissement. À cet égard, Fourier fonde un modèle de vie sociale à partir d'un argument ontologique qui rend d'autant plus impérative et irréfragable la réhabilitation des passions, émanation de la puissance divine.

La loi fondamentale de la vie sociale réside, selon Fourier qui se considérait lui-même comme le Newton de la vie sociale [1], dans « l'attraction passionnelle », moteur secret des sociétés [2]. La découverte de cette loi est censée révolutionner les conceptions que l'on a de la politique et de la morale, de la même façon que la théorie de la gravitation universelle a bouleversé l'astronomie. De même que l'attraction universelle meut les astres et tout l'univers, de même l'attraction passionnelle anime les êtres humains de sorte que la politique devient un précipité des passions humaines. Ici, Fourier s'inscrit à

---

1. Ici, il est assez curieux de noter que Charles Fourier pourrait être confondu avec son homonyme Joseph Fourier, célèbre physicien et mathématicien, qui à la même époque que l'inventeur du phalanstère travaillait entre autres sur la théorie analytique de la chaleur.

2. Fourier entend précisément par attraction passionnelle « une impulsion donnée par la nature antérieurement à la réflexion, et persistant malgré l'opposition de la raison, du devoir, du préjugé, etc. », C. Fourier, *Le Nouveau Monde industriel et sociétaire, op. cit.*, p. 47.

n'en pas douter dans la tradition des utopistes, et ce d'autant plus que sa société idéale repose sur de savants calculs mathématiques et non sur la lutte des classes.

Le réformateur social qu'était Fourier a ainsi mis en exergue des correspondances entre sa propre théorie sociale et la réflexion cosmogonique, c'est dire si la Science sociale se forme en l'occurrence en partant de l'univers pour arriver à l'homme, pensés tous deux sur le modèle de l'attraction. Comme le fait remarquer le sociologue Patrick Tacussel[1], Fourier a inauguré l'exploration mathématique des faits sociaux avec un esprit d'innovation. En effet, il a dépassé la logique classique des mathématiques en anticipant une logique dynamique reposant sur des contradictions et sur un ordonnancement jamais figé: tout élément possède son élément contradictoire et de la même façon tout ensemble dispose de son ensemble opposé. À ce propos, Fourier entrevoit toute la fécondité heuristique de l'interaction en tant que telle, notamment entre l'élément et l'ensemble, autrement dit entre l'individu et les institutions.

Fourier en viendra logiquement à dénombrer, à classer et à sérier les passions humaines fondamentales, véritables « aiguillons » pour établir un nouvel ordre social. Il en repérera douze : cinq passions sensitives correspondant aux cinq sens (goût, toucher, ouïe, vue, odorat), quatre affectives déterminantes dans les relations entre les hommes (l'amitié, l'amour, l'ambition et la paternité) et trois distributives davantage méconnues (la papillonne – l'amour du changement – la cabaliste – la passion de l'émulation – et la composite – l'enthousiasme, l'exaltation). Ces douze passions fondamen-

---

1. P. Tacussel, *Charles Fourier, le jeu des passions*, Paris, Desclée de Brouwer, 2000.

tales peuvent se combiner de 810 façons différentes, c'est pourquoi son projet de cité idéale qu'il nomme « phalanstère » devra comprendre autant d'hommes que de femmes (810 de part et d'autre), chacun représentant une combinaison possible, c'est-à-dire un assemblage passionnel spécifique et irréductible. Par ailleurs, la combinaison des passions est censée permettre de former des séries de groupes humains, unités de base pour le fonctionnement et l'organisation du phalanstère. Toutes les passions se subsument dans une passion davantage fondamentale qu'il nomme l'« unitéisme », passion des passions définissant à la fois l'origine et la finalité de toutes les autres inclinations passionnelles. L'objectif de Fourier est de créer un monde fondé sur un ordonnancement idéal découvert et compris grâce aux mathématiques. Par idéal, il faut entendre ici une symphonie de passions, une unité et une harmonie retrouvées à partir de la diversité des tendances passionnelles.

La théorie fouriérienne peut paraître à première vue assez séduisante étant donné qu'elle propose un modèle sociétal facilitant l'accomplissement de l'unité sociale dans la diversité passionnelle, mais elle fait l'impasse sur l'un des points essentiels de la vie sociale, la dimension culturelle des passions. Comment pourrait-il en être autrement à partir du moment où Fourier ne considère pas la société comme une donnée primitive à laquelle la nature humaine, infiniment plastique, devrait s'adapter ? Tout au contraire, l'organisation sociale est chez Fourier essentiellement mouvante et l'ordre passionnel, quant à lui, fondamentalement intangible : « La société gravite autour du soleil, et non l'inverse »[1], autrement dit la société tourne autour des passions et non le contraire. Le

---

1. D. Burckel, L. Rignol, « École sociétaire », dans M. Riot-Sarcey *et alii* (dir.), *Dictionnaire des utopies*, Paris, Larousse, 2007, p. 91.

roc passionnel est chez Fourier ce que l'ordre chimique est chez Antoine Lavoisier, le règne végétal chez Carl von Linné, ou encore la classification zoologique chez Georges Cuvier. Par conséquent, si Fourier reconnaît l'*universel* au cœur de l'individu, c'est-à-dire l'ordre passionnel universellement présent dans chaque être humain et fruit de la Providence[1], il ne peut *de facto* en être de même pour le *culturel* dans la mesure où l'individu n'est pas socialisable : la nature humaine fait la société, celle-ci ne déterminant en aucun cas la nature passionnelle de l'homme. Selon Fourier, c'est seulement à partir du moment où l'homme aura accompli la potentialité universelle de son être qu'il pourra renouer avec l'universalité des êtres : on perçoit combien le réformateur social part du petit monde pour atteindre le grand monde. Plus précisément, « le savoir va du plus loin au plus proche, l'action part de *soi* pour aller vers le *ciel*, en suivant la série des harmonies »[2], façon d'accéder à un Salut, lequel ne se limite pas à un panthéisme tel que nous le retrouvons chez Spinoza.

Le phalanstère ou l'expression concrète de l'« attraction passionnelle »

Le terme « phalanstère » a été créé par Fourier. Il l'utilise pour la première fois en 1822 dans son *Traité de l'association domestique et agricole*[3]. Ce néologisme est composé à partir de *phalan*[ge] et [mona]*stère* : du grec *Phalanx* (formation

---

1. Pour autant, l'universel fouriérien n'est pas garant d'une parfaite égalité dans la mesure où il existe un différentiel des passions dans chaque individualité, d'où l'inéluctabilité des hiérarchies au sein du phalanstère.

2. D. Burckel, L. Rignol, « École sociétaire », art. cit., p. 91.

3. C. Fourier, *Traité de l'association domestique et agricole*, Paris-Londres, Bossange, 1822.

militaire) et *stereos* (solide). Dans l'Antiquité grecque, une *Phalanx* est un corps d'infanterie rangé dans un ordre compact, en particulier dans l'armée macédonienne où il s'agit du corps d'infanterie des hoplites[1] armés de la sarisse (longue lance de 5,50 m). Par analogie, une phalange représente un groupement humain bien organisé (militairement) ou encore un groupe humain étroitement uni par un idéal, des goûts, des intérêts ou, mieux, par des passions.

Chez Fourier, le phalanstère n'est pas seulement une idée étant donné qu'il a aussi valeur d'exemple. Sa réalisation sera en effet à coup sûr le déclencheur d'une contagion : dans le cas où le mécanisme phalanstérien serait mis en place, il est certain pour son inventeur que l'ordre civilisé serait aussitôt abandonné pour basculer dans le « régime sociétaire » pouvant être défini comme un âge nouveau durant lequel doivent se réaliser tous les espoirs et toutes les potentialités contenues dans la nature humaine. Dans ce sens, Pierre Mercklé nous invite à voir dans le projet de cité idéale fouriérien une « force de l'exemple ». En effet, le phalanstère est une « idée exemplaire » étant à la fois idée et pratique, pensée et réalisation de la pensée dans l'espace[2]. La fondation d'un phalanstère, bien loin d'être une finalité – de clore le mouvement – suscite immédiatement selon son promoteur, par « attraction moléculaire », par connexion de proche en proche, celle d'une multitude d'autres phalanstères sur toute la surface du globe, tissant ainsi une vaste structure rhizomique sociétaire. C'est que le phalanstère lui-même échappe à toute enclosure :

1. Fantassin pesamment armé.
2. P. Mercklé, « Le Phalanstère », *charlesfourier.fr*, rubrique : « Découvrir Fourier », juin 2008.

Chaque branche de culture cherche à pousser des divisions parmi les autres : le parterre et le potager, qui chez nous sont confinés autour de l'habitation, jettent des rameaux dans tout le canton. Leur centre est bien au voisinage du phalanstère, mais ils poussent dans la campagne de fortes lignes, des masses détachées qui diminuent par degrés, s'engagent dans les champs et les prairies dont le sol peut leur convenir et de même les vergers, quoique moins rapprochés du phalanstère, ont à sa proximité quelques postes de ralliement, quelques lignes ou blocs d'arbustes et espaliers, engagés dans le potager et le parterre [1].

Comme nous le voyons, il existe au sein du système fouriérien toute une géométrie : géométrie des lignes (lignes de fuite et de variation), des vitesses et des intensités (courbes, couleurs, notes…), soit une véritable géométrie des flux passionnels.

L'« Association » mise en avant par Fourier, entendue comme un agencement raisonné des passions, n'est pas celle des « moi-sujet » produits comme entités fixes, mais celles des différences et des dynamiques passionnelles. Ce qui est premier au sein de la cité idéale phalanstérienne, ce n'est pas l'individu en tant que tel mais les passions et les séries passionnelles selon lesquelles les individus se regroupent et se séparent. La journée d'un « harmonien » s'apparente de près à un parcours :

Le parcours est la réunion d'une masse de plaisirs successivement goûtés dans une courte séance. Le parcours exige une série de plusieurs voluptés qui s'enchaînent avec art dans un même local, se rehaussent l'une par l'autre et se présentent à des instants si rapprochés qu'on ne fait que glisser sur chacune,

1. C. Fourier cité par F. Malécot, « Fourier », dans *Dictionnaire des utopies*, *op. cit.*, p. 109-110.

effleurer la sensation qui s'allie aux suivantes et en augmente l'intensité [1].

Dans la mesure où l'attraction passionnelle est fondamentalement un mouvement, le phalanstérien vit l'instant présent quelles que soient les activités dans lesquelles il est engagé ; il ne prend jamais de posture figée une fois pour toutes. L'ordre sociétaire prôné par Fourier dans le phalanstère ne comporte donc qu'un minimum de régularité et d'homogénéité structurales : il trouve ses fondements organisationnels dans la constitution d'un *continuum* des inclinations passionnelles, plan d'immanence des attractions passionnées. Il n'y a donc pas de gouvernement qui préside à la vie phalanstérienne : c'est en effet dans le libre développement des attractions passionnées que se forme le plan d'immanence de l'ordre sociétaire. Se situant clairement dans la tradition utopique, Fourier conçoit la nature comme un ordre spontané, harmonieux et permanent. Quant à la politique, elle est considérée par l'inventeur du phalanstère comme un champ de luttes désordonnées et comme un espace artificiel qui éloigne les hommes de l'impératif ontologique passionnel.

La diversité : condition de l'harmonie ?

Le fonctionnement social peut d'autant plus se passer d'un gouvernement qu'il repose sur une diversité calculée – et donc maîtrisée – des inclinations passionnelles censée produire mécaniquement et donc mathématiquement l'Harmonie, conformément à l'esprit qui préside de façon récurrente à l'imaginaire utopique. Pour Fourier, cela ne souffre d'aucune contestation ; preuve en est qu'il insiste sur le fait que plus

1. F. Malécot, « Fourier », dans *Dictionnaire des utopies, op. cit.*, p. 110.

il existera de variétés dans les passions, plus il sera aisé de les harmoniser rapidement[1]. Ici, l'inventeur du phalanstère soumet l'harmonie sociale à l'impératif de diversité, et va même jusqu'à insister sur la nécessité des inégalités et des différences qui représentent, pour lui, une condition indispensable à la constitution d'une société harmonieuse : par exemple, il prévoit 7/8e de cultivateurs et d'ouvriers, et 1/8e de capitalistes. D'une façon générale, les 810 nuances de caractère passionnel doivent, autant que faire se peut, être présentes dans la cité idéale phalanstérienne.

Fourier affirme l'absoluité de l'équation diversité = harmonie en vertu même de la loi d'attraction passionnelle renvoyant *in fine* aux lois du cosmos. En d'autres termes, la variété des passions produit d'autant plus de « lien social » qu'elle est conséquente. Il est intéressant, non seulement de rapprocher ce postulat des débats contemporains sur la mixité[2], mais également de l'interroger dans la mesure où le mélange et le brassage de multiples composantes individuelles (passionnelles dirait Fourier) ne garantit en rien la formation d'un monde équilibré, mécaniquement réglé et fonctionnant de façon harmonieuse.

Si l'on s'intéresse au cas spécifique de la ville, on peut se poser la question de savoir si diversité rime systématiquement avec harmonie. Quand bien même la diversité est aujourd'hui mobilisée à des fins socio-politiques en vue d'organiser l'espace urbain de façon la plus harmonieuse possible en se

---

1. C. Fourier, *Traité de l'association domestique et agricole*, *op. cit.*

2. Ou plutôt sur la diversité si l'on reprend le vocable désormais utilisé par nombre d'acteurs politiques, institutionnels et médiatiques. Sur ce point, *cf.* H. Marchal, *La diversité en France : impératif ou idéal ?*, Paris, Ellipses, 2010.

fondant sur un lien social dense et pluriel, il n'en reste pas moins que parfois il revient aussi à la ségrégation d'être au fondement de la cohésion sociale. De façon plus précise, la diversité peut-elle être considérée comme un facteur favorisant les rencontres entre des individus aux personnalités et aux caractéristiques sociales distinctes ? Plus largement, on peut s'interroger sur le statut, la place et l'importance accordée à la mixité des individus, au mélange des cultures, au brassage des religions dans notre ordre démocratique par rapport aux notions de ségrégation, de discrimination, de stratification et de hiérarchie. Dans le sillage des utopistes et notamment de la pensée fouriérienne, la diversité est communément présentée dans notre société démocratique et républicaine comme bénéfique et facteur d'intégration, alors que la ségrégation et la discrimination sont considérées comme un manquement à l'idéal de l'échange généralisé.

Contrairement à l'équation diversité = harmonie, récurrente dans la tradition fouriérienne, les recherches empiriques réalisées en milieu urbain au cours de ces dernières décennies mettent clairement en évidence à quel point la concentration dans un même espace de populations diverses qui se trouvent à un moment donné de leur trajectoire sociale et résidentielle ne permet pas le développement de relations sociales chaleureuses et harmonieuses[1]. L'exemple de l'aventure des grands ensembles HLM[2] à leur début est à cet égard tout à fait instructif. Rassemblant momentanément des catégories hété-

---

1. J.-C. Chamboredon, M. Lemaire, « Proximité spatiale et distance sociale. Les grands ensembles et leurs peuplements », *Revue française de sociologie*, vol. XI, n° 1, 1970, p. 3-33.

2. Habitations à loyer modéré.

rogènes de populations inscrites dans des trajectoires différenciées, ces espaces urbains nouvellement aménagés selon un idéal de mixité parfaite repris de la pensée utopique deviendront en réalité la scène de césures culturelles, de replis individuels et de relations sociales conflictuelles. Outre le fait que les grands ensembles génèrent une cohabitation difficile, ils incarnent encore à leur début une vision idéalisée du quartier populaire des centres-villes et, son corollaire, la destruction de l'ancienne vie communautaire. La diversité imposée dans les années 1960 et 1970 par un cadre urbanistique pensé par les tenants du fonctionnalisme architectural n'a pas produit les effets escomptés, et a fini par engendrer un mélange hétéroclite d'individus institutionnellement imposé.

Plus récemment, les acteurs politiques et les institutions publiques ont intégré la diversité dans leurs rhétoriques et leurs pratiques. Mais cette diversité formelle s'avère être souvent en décalage avec les représentations que les habitants se font d'eux-mêmes, de leur quartier, de leur rue et de leur vie quotidienne. Ces derniers en effet ne vivent pas toujours comme une contrainte leur situation de ségrégation et le fait de partager des caractéristiques communes avec autrui. De ce point de vue, il semble intéressant de distinguer deux formes de diversité en s'inspirant des analyses de Henri Lefebvre[1] : d'une part la diversité conçue telle qu'elle est pensée, définie et organisée institutionnellement et proche de la diversité utopique désindexée des réalités concrètes, d'autre part la

---

1. H. Lefebvre, *Le droit à la ville*, Paris, Anthropos, 1968. Pour une présentation synthétique de la pensée lefebvrienne sur ce point, *cf.* J.-M. Stébé, H. Marchal, *Sociologie urbaine*, Paris, Armand Colin, 2010.

diversité vécue telle qu'elle est ressentie, expérimentée et éprouvée au quotidien par les habitants[1].

À l'opposé de ce qu'affirmait Fourier, la diversité ne produit pas mécaniquement de l'harmonie, sans compter qu'elle peut entrer en contradiction avec l'idéal d'égalité comme en avait parfaitement conscience le promoteur du phalanstère en sériant différemment et hiérarchiquement les individus en fonction de leurs tendances passionnelles. Le phalanstère n'a pas pour vocation d'instaurer l'égalité : il est ouvert aussi bien aux riches qu'aux pauvres, aux intellectuels qu'aux manuels ; chacun peut y vivre selon ses dispositions passionnelles ou ses moyens. De ce point de vue, l'inégalité pour Fourier n'est pas contradictoire avec le « plan de Dieu », même si le dessein phalanstérien vise à rapprocher, sous le même toit, les esprits et les cœurs. À cet égard, n'est-il pas important de s'interroger sur les conséquences relatives à l'*institutionnalisation* de la notion de diversité sociale dans les textes législatifs contemporains, dans la mesure où elle peut être antinomique avec l'idéal d'égalité ?

> Le consensus que recueille ce mot d'ordre entérine, au nom d'un certain « réalisme », l'idée que la répartition des populations dans l'espace est un objectif prioritaire et plus légitime que le principe d'égalité de traitement, pourtant inscrit dans la Constitution[2].

1. Sur ce point, *cf.* J.-M. Stébé, H. Marchal, *Mythologie des cités-ghettos*, Paris, Le Cavalier Bleu, 2009 ; H. Marchal, J.-M. Stébé, *La ville au risque du ghetto*, Paris, Lavoisier, 2010.

2. S. Tissot, « Logement social : une discrimination en douce », *Plein Droit*, n° 68, avril 2006.

Le spatial détermine le social

À n'en pas douter, Fourier est un homme de son siècle, notamment lorsqu'il attribue à l'architecture des impacts sur la vie sociale, lorsqu'il pense des relations causales entre le spatial et le social. Il croit en la prévisibilité des comportements individuels et collectifs, et plus particulièrement en celle des effets sociaux de l'organisation matérielle (physique) du bâti. N'est-ce pas là faire preuve d'une conception laplacienne du réel caractéristique de la pensée scientifique et réformatrice de la première moitié du XIXᵉ siècle renvoyant *in fine* à une vision par trop cartésienne, mécaniste et positiviste du monde? Mais l'autre question qui se pose ici est aussitôt la suivante : l'architecte qu'est d'une certaine façon Fourier est-il en mesure, à partir des épures relatives au phalanstère qu'il propose, de déterminer à ce point la dynamique sociale? La concrétisation urbanistique et architecturale de ses souhaits et de ses projets suffit-elle à les générer? Autrement dit, en termes fouriériens, l'organisation spatiale du phalanstère peut-elle révéler de façon certaine l'ordre passionnel tel que Dieu l'a voulu?

C'est dans cet esprit que Fourier conçoit un des éléments les plus innovants de l'architecture phalanstérienne : la rue-galerie. En effet, celle-ci, inspirée des galeries en bois du Palais-Royal (Paris), joue le rôle d'un catalyseur de la vie sociale. L'inventeur du phalanstère la pense comme une «méthode de communication interne» où se dérouleront les grands repas ainsi que les réunions extraordinaires. La rue-galerie devient ici l'élément clé du maintien de l'harmonie entre les individus, permettant à ceux-ci de se retrouver, de converser et, pour ainsi dire, de rendre pérenne le lien sociétaire qui les unit. Symbole de la solidarité entre les différentes parties du phalanstère, la rue-galerie incarne le reflet architectural d'une forme de vivre-ensemble.

Dans ses commentaires et ses explications de l'œuvre de Fourier, Victor Considerant[1] montre combien la rue-galerie s'apparente à un organe central de la vie sociétaire :

> Cette galerie qui se ploie aux flancs de l'édifice sociétaire et lui fait comme une longue ceinture ; qui relie toutes les parties du tout ; qui établit les rapports du centre aux extrémités, c'est le canal par où circule la vie dans le grand corps phalanstérien, c'est l'artère magistrale qui, du cœur, porte le sang dans toutes les veines ; c'est, en même temps, le symbole et l'expression architecturale du haut ralliement social et de l'harmonie passionnelle de la Phalange, dans cette grande construction unitaire dont chaque pièce a un sens spécial, dont chaque détail exprime une pensée particulière, répond à une convenance et se coordonne à l'ensemble ; – et dont l'ensemble reproduit, complète, visible et corporisée, la pensée intégrale d'harmonie[2].

Si le principe de la rue-galerie n'a pas été initié par Fourier, il n'en reste pas moins qu'il peut être considéré comme celui qui l'a promu en plaçant au centre de la vie sociale des habitations

---

1. V. Considerant (1808-1893), polytechnicien et député, est l'un des principaux disciples de Fourier. Il défendra durant toute sa vie les idées sociétaires et participera même à l'élaboration d'un phalanstère, *La Réunion*, aux États-Unis (Texas). Jean-Baptiste Godin, industriel fortuné ayant participé au financement de *La Réunion*, réalisera quant à lui au milieu du XIXe siècle un phalanstère dans lequel la famille représente l'un des pivots de l'organisation sociétaire, d'où le nom de « familistère » donné à cette réalisation qui a duré près d'un siècle. Sur ce point, *cf.* T. Paquot (dir.), *Le familistère Godin à Guise. Habiter l'utopie*, Paris, Éditions de La Villette, 1982 ; J.-M. Stébé, *Le logement social*, Paris, PUF, 2011.

2. V. Considerant, *Destinée sociale*, t. 1, Paris, Librairie phalanstérienne, 1848, 2e édition, p. 17.

collectives cet élément architectural. Dans son sillage, les architectes du *Bauhaus* n'ont pas hésité à adopter la rue-galerie dans leurs projets architecturaux, notamment Walter Gropius dans le bâtiment du *Bauhaus* construit au milieu des années 1920 à Desau (Allemagne). À la même époque, Le Corbusier s'inspirera également du modèle phalanstérien pour son projet de Cité radieuse. Comportant de nombreux services de proximité et conçu pour accueillir 1 600 personnes – ce qui rappelle bien évidemment l'effectif du phalanstère – les cités d'habitation corbuséennes s'organisent à partir de rues-galeries distribuant les appartements et censées faciliter les relations entre les habitants.

D'un point de vue sociologique, la rue-galerie forme un environnement qui affecte les conditions de mise en œuvre des actions humaines ; c'est dire combien cet espace d'origine phalanstérienne est susceptible d'avoir une incidence sur les relations entre les individus. Dans une perspective morpho-logique, la rue-galerie correspond à un espace social constitué de manières de penser et de vivre partagées exerçant des effets que le sociologue Émile Durkheim nommait précisément des « effets de milieu », c'est-à-dire des effets résultant des spéci-ficités mêmes du contexte de vie des individus[1]. C'est bien, semble-t-il, l'esprit dans lequel Fourier a pensé la rue-galerie étant donné qu'il lui attribuait une sorte de pouvoir, autrement dit des « effets de rue-galerie ».

Le principe de plaisir au fondement de toute activité

Le phalanstère est une association en vue de la *production*, de la *distribution* et de la *consommation* des biens nécessaires.

---

1. É. Durkheim, *Les règles de la méthode sociologique*, Paris, PUF, 1995.

Fondé essentiellement sur l'artisanat agricole (horticulture, arboriculture, apiculture…), le travail industriel n'y représentant qu'une activité secondaire, le phalanstère est structuré autour de groupes de travail constitués à partir des passions dominantes, groupes opposés les uns aux autres afin d'entretenir une saine émulation. Le régime du salariat est aboli pour être remplacé par une participation aux bénéfices menant progressivement les phalanstériens à la copropriété et à la cogestion de leurs espaces de vie et de travail. Si l'on travaille au phalanstère, Fourier n'en précise pas moins que tous les travaux doivent être attrayants et variés. À l'inverse des conditions de travail extrêmement difficiles de l'époque (journée de travail de 12 heures et plus), les sociétaires n'ont jamais de séances de travail excédant 2 heures. L'essentiel de l'organisation phalanstérienne repose sur le travail-plaisir en harmonie avec les passions individuelles et notamment avec cette passion ultime pour le mouvement et le changement : la « papillonne ».

D'une façon générale, le principe de plaisir préside à la vie sociétaire. Aussi les satisfactions alimentaires occupent-elles une place importante : Fourier propose que les repas (au nombre de 5 par jour et composés de 40 plats) soient des moments de forte commensalité. Cette obsession de Fourier pour la gastronomie s'inscrit dans une volonté de créer une « société festive » ; il en viendra même à instituer la science de l'estomac associant plaisir de la cuisine et santé, science qu'il nomme la « gastrosophie ». Dans la même veine, au sein du phalanstère, on s'adonne intensément à l'amour libre qui est, pour le réformateur social, la plus belle des passions humaines. Fourier ira même jusqu'à faire l'apologie de la religion de la volupté, de la polygamie ou encore du saphisme, tout en promouvant l'égalité entre les hommes et les femmes. Le plaisir n'est pas ici une fin en soi ; il est toujours *hic et nunc* dans la mécanique constamment renouvelée d'agencements passionnels jamais figés une fois pour toutes.

Fourier, un apôtre du sens de l'histoire

Pour l'inventeur du phalanstère, l'humanité est engagée dans un mouvement scandé par plusieurs périodes se succédant les unes aux autres, de l'Édénisme à l'Harmonie en passant par la Sauvagerie, le Patriarcat, la Barbarie, la Civilisation, le Garantisme et le Sociantisme. L'histoire de l'humanité n'en est pas pour autant un progrès linéaire indéfini, elle est plutôt un devenir dialectique qui, à travers des souffrances et des maux nécessaires, mène l'humanité vers son plus grand bonheur. Dans l'absolu, il y a donc toujours progrès, c'est-à-dire une avancée vers le bien-être en dépit des hésitations, des vicissitudes, des régressions…

Se pensant au cœur de cette marche en avant de l'histoire, Fourier a toute sa vie durant recherché des financements pour réaliser son projet de cité idéale. Même si quelques expériences ont été tentées en France et un peu partout dans le monde[1], il n'en reste pas moins que le phalanstère est resté un vœu pieux et a toujours été considéré comme une grande utopie au sens commun du terme.

Faire reposer un ordre social sur les passions humaines naturellement déterminées ne peut être que très improbable dans la mesure où le socle passionnel des êtres humains correspond à des virtualités indécises. Faut-il rappeler que le sens des

---

1. Toutes les expériences phalanstériennes se sont soldées par des échecs et n'ont jamais perduré au-delà d'une décennie, excepté le familistère de Godin qui, toutefois, ne peut être en tant que tel considéré comme un phalanstère.

passions ne réside pas dans les passions elles-mêmes mais dans tout ce que les hommes inventent pour justement symboliser leurs passions? Dans ce sens, l'utopie de Fourier n'est-elle pas une contre-utopie étant donné qu'elle prive les hommes de leur capacité à s'aventurer sur de multiples voies existentielles, à imaginer un monde de possibles et à croire encore et toujours, toujours plus loin[1]?

1. R. Pouivet, *Qu'est-ce que croire ?*, Paris, Vrin, 2006.

TEXTE 2

JEAN-JACQUES WUNENBURGER
*L'utopie ou la crise de l'imaginaire**

La confiscation des coordonnées spatiales et temporelles de l'utopie remonte aux premiers grands écrits utopiques du XVIᵉ siècle. Th. More et ses émules ont insisté, dans des conditions ponctuelles de création, sur l'irréalité et la gratuité de leurs tableaux sociaux. La tradition n'a guère fait de difficulté à adhérer à cette convention et à la fixer comme propriété aveuglante. Une telle amputation présuppose un rejet de toute filiation de l'utopie avec des procédures mentales dont nous avons pu souligner la mise en place approximative dès l'antiquité. Au contraire l'utopie classique et littéraire, symbole du genre, doit prendre place dans l'évolution des chronologies et topologies archétypales de l'imagination sociale. L'utopie est une forme d'action et d'écriture qui se concrétise dans l'histoire, lieu de sa manifestation, et non pas un effet culturel épiphénoménal d'une histoire sociale autocréatrice en vase clos. Il s'agit donc de rendre compte de la diversité des styles

* Jean-Jacques Wunenburger, *L'utopie ou la crise de l'imaginaire*, Paris, Éditions J.-P. Delarge, 1979, p. 60-66.

utopiques à partir de l'inversion du temps et de l'espace mythiques.

Quel est d'abord l'espace propre à l'imagination utopique et quelle dynamique antithétique lui donne-t-il naissance ? Comment les paysages de la cité idéale dérivent-ils de l'Arcadie bienheureuse ? La symbolique imaginaire n'est point comparable à la logique conceptuelle, et la loi des contraires ne suffit pas pour déduire les mutations d'un régime d'images. De nombreux paramètres viennent interférer dans la mise en place d'une systématique cohérente : on ne peut négliger ni les projections affectives, ni l'ambivalence des symboles, ni l'impact des surcharges accidentelles, qui permettent par exemple que des connaissances géographiques empiriques, que la découverte d'une nouvelle terre, enflamment et amplifient soudain un symbole. Autrement dit la formation des images spatiales des utopies ne se laisse pas enfermer dans une inversion univoque et terme à terme des images du paradis perdu. Les utopies, en fonction du génie individuel de leur créateur, du temps de leur prise en charge culturelle, déformeront plus ou moins vivement le matériau disponible dans les couches mentales inconscientes et dans les traditions des rêveries spatiales elles-mêmes. Deux axes d'organisation des images permettent cependant d'enfermer les paysages utopiques dans les trajets typiques et fréquents, la constante cartographique, et la constante topographique.

Déjà dans l'imagination mythique, le paradis est localisé dans l'espace du monde, d'ailleurs moins dans l'étendue cosmique, qu'à l'horizon familier de l'espace socialisé. Le mythe cherche à travers la proximité spatiale à tisser l'irréalité onirique avec la réalité concrète du vécu, afin de favoriser l'ouverture de la croyance au mythe. C'est pourquoi il existe une géographie du paradis le situant tantôt aux extrémités de la terre, tantôt sur les premières marches du ciel, mais toujours à des points limites qui marquent son accessibilité et sa coappartenance en même temps que son invisibilité. Le paradis bénéficie d'un repérage cartographique qui autorise des voyages imaginaires tout en l'arrachant à une confrontation sensible. Pourtant dès l'antiquité on voit la géographie mythique s'articuler lentement, au fur et à mesure de la conquête d'espaces nouveaux avec une géographie scientifique. Des terres nouvelles vont se prêter à des surcharges et intégrations symboliques : Ceylan ou les pays de l'Europe nordique, prêteront leurs coordonnées aux îles des Bienheureux. L'imagination utopique ne pourra guère échapper à cette contamination et interaction. La représentation des cités idéales prend place aussi dans une cartographie qui entremêle fiction et science, tradition symbolique et voyages historiques : l'actualité géographique, la conquête du Nouveau Monde, nourrit largement le décor des espaces sociaux imaginés par les utopistes du XVIe et XVIIe siècles ; de même que les peuplades sauvages suggèrent aux hommes des Lumières le scénario de leur humanité régénérée. Malgré le brouillage des coordonnées, les tableaux de la vie heureuse dans le mythe comme dans l'utopie, prennent place sur une mappemonde, qui porte en elle les germes des rêves de l'ailleurs. Dans les deux cas la créativité imaginaire est connectée à un certain savoir, qui apporte aux fictions le sceau d'une localisation terrestre de l'idéal rêvé. La permanence de la référence cartographique ne différencie donc pas le paradis de la cité idéale, dans la mesure où elle fait partie de l'activité de schématisation de l'invention imaginaire en générale.

Par contre le langage topographique va connaître une transformation significative : bien plus l'intensité de l'antithèse des lieux édéniques et des lieux utopiques donne naissance à une taxinomie des paysages rêvés. Le décor des sociétés utopiques peut s'opposer à la poétique spatiale du paradis selon trois seuils ou niveaux syntaxiques.

– La forme paradigmatique du paysage utopique implique l'inversion complète de la symbolique paradisiaque. L'homme se rêve dans un espace anti-naturel, construit techniquement autour d'une forme fermée, régulière, et fortifiée contre un environnement menaçant. « Au sein d'une vaste étendue découverte s'élève une colline. C'est là qu'est situé le gros de l'agglomération. Cependant son enceinte déborde largement le pied de l'éminence. Sept grands cercles qui portent les noms des planètes la constituent. L'accès de l'un à l'autre est assuré par quatre routes et quatre portes orientées sur les quatre aires du vent. Mais tout est disposé de manière qu'après la prise du premier cercle l'on rencontrerait plus de difficultés au deuxième, et ainsi de suite ; et il faudrait le prendre sept fois d'assaut pour le vaincre. Mais je crois que le premier cercle est lui-même imprenable tant il est large est protégé de terre, avec ses boulevards, ses tours, son artillerie et plus avant, ses fossés »[a]. La topographie urbaine alors dominante, entraîne une insertion de l'habitant de la cité idéale, dans une organisation perfectionnée et planifiée, où règne l'abstraction, la symétrie, l'uniformité, au prix de la suppression de tous les élans de la spontanéité, des tendances à la différenciation et à la compétition. Les paysages utopiques induisent alors des univers de la programmation, de la résistance de la pierre, du fer, puis de l'électronique, et annoncent l'évacuation de tout l'événementiel de l'histoire. Des quartiers spécialisés de Th. More au phalanstère en passant par l'État planifié anticipé par Orwell (la contre-utopie étant là le signe même de la

a. T. Campanella, *La cité du soleil*, Genève, Droz, 1972, p. 3-4.

possibilité de l'utopie totalitaire), s'étale toute une littérature utopique qui appuie le rêve de perfection et de bonheur collectifs sur une topographique géométrisante et contraignante, qui confond l'espace humain avec une sorte de monade bétonnée sans porte ni fenêtre. L'île utopienne de Th. More n'a plus la rassurante forme circulaire, mais prend celle d'un croissant de lune à demi fermé, tel un amphithéâtre, dont la scène serait constituée par la capitale Amaurote, dont le nom redouble à son tour la symbolique de la cécité et de l'obscurité. L'isthme qui la séparait du continent à été coupé et des rochers ferment l'entrée du golfe. Ainsi « clôture et négation de l'extériorité forment un aspect important de l'œuvre… rêve d'autosuffisance du sujet qui trouve son expression dans l'autarcie économique de l'île et dans la clôture de l'espace »[b]. La topographie intimiste du paradis est échangée contre un espace nocturne de claustration défensive. La Christianapolis de Valentin Andrae constitue un autre paradigme des formes symboliques de l'utopie spatiale : « Isolée du monde par l'océan, la ville est de forme rectangulaire. Ses rues agencent un blockhaus. En outre elles s'entrecroisent de manière que les avenues reproduisent cette disposition rectangulaire jusqu'au cœur de la ville. Les citoyens de Christianapolis vivent dans un labyrinthe quadrangulaire, et dont la tristesse s'aggrave du fait que les rues sont couvertes de voûtes ou d'étages habités. Comment ne pas évoquer une immense caserne, voire une prison ? »[c].

b. M. le Dœunff, « La rêverie dans Utopia », *Revue de Métaphysique et morale*, n° 4, 1973.

c. G. Lapouge, *Utopie et civilisations*, Paris, Champs Flammarion, 1978, p. 184.

– Plus imprécis dans leur symbolique sont les espaces mixtes d'autres utopies. Déjà les écrits stoïciens témoignaient de cette alliance entre une organisation urbaine, industrieuse, planifiée et la permanence nostalgique d'une nature bienveillante féconde et maternalisante. L'histoire des paysages utopiques sera scandée de tentatives de brassages analogues, mêlant nature et culture, synthétisant spontanéité et artifice. La reviviscence du symbolisme solaire, chez Campanella par exemple, témoigne de la prégnance de la spatialité mythique dans l'utopie moderne. La rêverie utopienne ne porte pas encore, à la Renaissance, systématiquement sur la société historique, ou sur l'humanité en devenir, mais sur un prototype mythique, les Solariens ou Héliopolitains. Ce choix d'un symbole apollinien dans l'utopie permet de transporter dans la cité, une chaîne symbolique liée à l'Âge d'or. Depuis les temps les plus reculés, le soleil était vénéré à la fois comme distributeur d'abondance et de richesses, et comme source de justice et pureté. La Tradition mazdéenne, confirmée par les références solaires d'Hérodote et Iamboulos, évoque cette période finale du monde au cours de laquelle : « le Roi-Soleil descendrait ici-bas, pour y établir la justice et faire participer l'humanité entière à un bonheur sans mélange. Cette sorte d'attente messianique avait donc répandu l'espoir d'un règne bienfaisant du soleil, capable de faire disparaître ici-bas toutes les misères et toutes les iniquités »[d]. En plaçant donc leurs utopies sous le signe solarien, les utopistes de le Renaissance tentent de valider leur espérance d'une cité future organisée et gérée par l'homme, par un symbolisme archaïque et naturel, par un langage des dieux.

d. J. Bidez, « La cité du monde et la cité du soleil chez les Stoïciens », *Bulletin de l'Académie royale de Belgique*, t. XVIII, 1932, p. 276-277.

–Enfin, au niveau de différenciation le plus affaibli, l'utopie opérera une véritable régression topographique en renonçant à lier le messianisme de l'avenir aux espaces clos et schizoïdes. Au XVIIIᵉ surtout, se multiplient les rêveries agrestes, les bergeries charmantes, qui permettent à une imagination moralisatrice et réformatrice d'errer dans les paysages intimistes de la tradition de l'Âge d'or. Ce siècle se laisse soudain emporter par la rhétorique pastorale, qui depuis la Renaissance demeurait réservée à la littérature poétique. Sous la pression de la poésie anglaise, la nature ne va plus être l'apanage des poètes de cour, mais devenir le germe d'une sensibilité collective, source du romantisme ultérieur. Diderot, Rousseau, Fénelon, Saint-Pierre enracinent leur inspiration dans un rêve pastoral, relayé par l'idéal des Physiocrates, pour qui les campagnes constituent l'image d'un ordre naturel. Ce retour du symbolisme paradisiaque est confirmé par l'amour architectural du jardin : « Le XVIIIᵉ siècle, avant la rupture révolutionnaire qui déclenche à travers l'Europe un souffle d'épopée, est hanté par la nostalgie du jardin. La *furor hortensis*" exprime le vœu de réintégration paradisiaque dans une nature réhabilitée des suites de la chute. L'évolution du jardinage (*landscape gardening*) met en œuvre une nouvelle alliance de l'homme et du monde, selon l'Évangile venu d'Angleterre »ᵉ. De sorte que la logique utopienne entre en conflit avec la polarité mystique : « l'ordre ancien s'exprimait d'une manière brutale selon une axiomatique de type euclidien; l'ordre nouveau se lit en filigrane à travers les apparences discordantes. Le parc à l'anglaise apparaît comme une mise en scène physico-théologique, en accord avec l'esprit de

e. G. Gusdorf, *La naissance de la conscience romantique au siècle des Lumières*, Paris, Payot, 1976, chap. « Ville, campagne et jardin », p. 387.

finalité qui imprègne l'histoire naturelle de l'époque»[f]. L'utopie perd alors son visage caractéristique en annulant l'héritage de la polarisation diairétique de l'espace; elle renonce à sa logique interne et réactualise, dans un environnement social et historique différent, un anachronique jeu avec le mythe, mais un mythe exporté dans le champ d'une rationalité démystifiante. Le précipité utopique qui résulte de cette chimie des images perd ainsi une grande force de pénétration onirique et redescend, au même titre que la fabulation merveilleuse, vers les zones affectives du plaisant divertissement, affadissant l'archétype du lieu idéal. Parfois cependant, cette dégénérescence de l'utopie se complique : les contrefaçons des paysages paradisiaques, les nostalgies de l'Âge d'or, au lieu d'être seulement des symptômes d'une asthénie de la pensée créatrice, servent de préface méthodologique à des tentatives spécifiquement utopiques. Morelly, par exemple, dans sa « Basiliade » (en 1753), décrit un peuple indien sur le modèle contemporain du bon sauvage, doté de mœurs simples, végétariennes et vertueuses. Mais s'inspirant aussi du modèle social des Incas, il lui prête une organisation fondée sur des sortes de phalanstères, sur la communauté des femmes, à l'intérieur d'un territoire divisé en carrés, et dont la législation fera l'objet de son « Code de la Nature ». Fénelon de même fait se succéder dans « Télémaque » une bergerie africaine, agreste et édénique, dans le royaume de Bétique, et une description du pays de Salente au contour politique dirigiste, propre aux cités gouvernées par un monarque utopique. Ce que vérifie enfin le statut équivoque de l'œuvre de Rousseau, qui sans jamais faire preuve d'une procédure utopique, n'en illustre pas moins cette ambivalence entre le mythe paradisiaque et la rêverie d'une

f. G. Gusdorf, *La naissance de la conscience romantique*, *op. cit.*, p. 391.

cité future[g]. L'hypothèse de l'état de nature dans le « Discours sur l'origine de l'inégalité » relève sans conteste du langage de l'innocence naturaliste et nostalgique, dont l'affinité avec le paradis perdu est évidente ; à l'inverse, la spéculation politique et juridique sur l'État du « Contrat social », destiné à résoudre de manière irréversible le problème du pouvoir, et de la liberté, emprunte le style géométrique et totalitaire des utopies, même si le modèle constitutionnel de l'État ne s'enferme jamais dans le tableau-spectacle des relevés utopiques. Comme tous les écrivains-philosophes du siècle, Rousseau illustre une phase au cours de laquelle le régime de l'imaginaire, où s'entre-choquent deux polarités symboliques de l'espace, est flou et hésitant : « dans leur socialisme naïf, on distingue aisément l'influence des récits de voyages ; eux aussi, à leur manière, ils apportent des faits aux théoriciens. S'inspirant de relations authentiques, ils construisent des utopies qu'ils s'efforcent, au moins dans leur préface, de donner comme réelles ; au milieu du siècle on verra un écrivain, qui s'est nourri de récits de voyages et de romans d'aventures, essayer de combiner toutes ces données hétérogènes dans une œuvre pleine de contradic-tions, et sur laquelle les critiques n'ont jamais pu s'accorder. Ce sera l'auteur du "Discours sur l'inégalité" et du "Contrat social" »[h]. À l'instar des autres théoriciens du droit, Rousseau sacrifie donc les descriptifs miniaturisés de la cité utopique à venir, et élève l'utopie au rang d'une ratiocination philo-

g. Voir numéro spécial de la revue *Europe*, nov.-déc. 1961 ; et R. Derathé, *J.-J. Rousseau et la science politique de son temps*, Paris, Vrin, 1992.

h. G. Chinard, *L'Amérique et le rêve exotique dans la littérature française aux XVIIe et XVIIIe siècles*, Paris, 1934, cité par C. Rihs, *Les philosophes uto-pistes. Le mythe de la cité communautaire en France au XVIIIe siècle*, Paris, Rivière, 1970, p. 332.

sophique en signant en même temps sa mise en pièces. Il
témoigne cependant de cette errance de la sensibilité nouvelle,
qui déjà engagée dans une mentalité utopienne, n'arrive pas
toujours à s'émanciper de la fascination du passé des origines.

Cette rapide typologie vérifie donc que l'imagination
utopique n'échappe pas à la figuration spatiale, sous peine de
se réduire précisément à une simple spéculation abstraite. En
aucun cas l'espace des cités idéales n'illustre l'indétermina-
tion et l'anonymat suggérés par l'étymologie du terme géné-
rique. Si l'utopie ne se perd pas dans l'histoire concrète, n'est
pas seulement le prolongement des événements circonstan-
ciés, elle n'est pas non plus discours sur de l'an-historique. Ce
dont elle parle prend bien place dans l'ordre des choses, même
si ses références n'appartiennent pas encore à la catégorie de
l'avènement immédiat. Sa poétique des lieux rêvés mêle déjà
appels et échos du réel ; loin de discourir de l'irréalité informe,
elle organise un monde parallèle, elle l'anime de l'intérieur, en
le lestant de lieux, en le projetant selon des axes d'orienta-
tion spatiale, qui sont autant de décalques et simulations de
la réalité. La géographie utopique met en scène un univers
figuratif qui attire et relaie dans son espace propre, les forces
du désir et donc du possible, toujours frustrées dans les limites
des territoires habités ou connus.

COMMENTAIRE

L'indexation spatiale des utopies

Comme le note Jean Servier[1], Thomas More crée le mot *U-topia* pour désigner un pays de nulle part dans lequel l'existence d'un État parfait semble plus qu'improbable. À la suite de More et de son modèle censé ne représenter aucun pays en particulier (un non-pays), il a été convenu par ses émules et de multiples commentateurs, de façon souvent hâtive et caricaturale, de tenir pour constitutive du genre utopique toute procédure de déterritorialisation ou de délocalisation. Or, précise Jean-Jacques Wunenburger, « le refoulement de la thématique [spatiale] de l'utopie, loin d'être une propriété évidente, doit devenir l'objet d'une problématique inaugurale de la compréhension du genre [utopique] tout entier »[2]. Autrement dit, l'histoire de l'imaginaire utopique a souvent été en proie à une illusion d'optique qui donne à voir l'absence d'ancrage spatial dans les termes d'une convention indiscutable, alors qu'en réalité on est bien plus en présence d'une propriété aveuglante.

1. J. Servier, *L'utopie, op. cit.*, p. 3.
2. J.-J. Wunenburger, *L'utopie ou la crise de l'imaginaire, op. cit.* p. 60.

Pour Wunenburger, les utopistes s'inspireront inconsciem-
ment, tout en les déformant, des traditions des rêveries
mythiques prenant appui d'une façon ou d'une autre sur des
cadres spatiaux. C'est d'autant plus vrai que le mythe lui-
même localise le paradis, moins dans un cosmos fantasmé, que
dans la matérialité du monde. En effet, l'imaginaire mythique
recherche un écho dans le concret de la vie humaine pour
mieux se diffuser, d'où l'existence d'une géographie du paradis qui ne remet toutefois pas en cause une ouverture au-delà
du sensible. Le paradis est ancré dans un espace cartographié,
de sorte que dès l'Antiquité, selon Wunenburger, la géographie mythique tend à se confondre avec une certaine géographie physique, renvoyant à des terres connues. Se référant non
seulement aux mythes, mais aussi aux grandes découvertes du
Nouveau Monde, les utopistes dans leurs récits imaginaires ne
s'affranchiront pas de références spatiales pour dessiner les
contours de leurs cités idéales. Cette référence cartographique
se matérialisant par des lieux prenant place sur une mappemonde traversera implicitement l'imaginaire utopique. Par
exemple, Tomaso Campanella ancrera sa *Cité du Soleil* au
large de Ceylan (Sri Lanka), plus précisément aux Maldives [1].

Cela étant, les utopistes ne se contenteront pas de présenter
grossièrement les lieux et les paysages, dans la mesure où ils
décriront avec moult détails, à travers un langage topographique, le cadre physique censé accueillir leurs projets. Afin
de mettre en évidence la diversité des espaces matériels mis en
scène dans les textes utopiques, qui ont été nombreux au XVIIe
siècle notamment (entre 1602, date de la première version de la
Cité du Soleil de Campanella et 1699, date de l'édition des

---

1. T. Campanella, *La Cité du Soleil, op. cit.*

Aventures de Télémaque de Fénélon, plus de 30 textes utopiques sont dénombrés), Wunenburger propose une « taxinomie des paysages rêvés » renvoyant à un *continuum* allant de l'espace le plus artefactuel au plus naturel en passant par des espaces hybrides. Tout d'abord, le philosophe repère une forme paradigmatique consistant à rêver un espace totalement artificiel. Puis, il distingue une manière d'imaginer des espaces mixtes conjuguant nature et culture. Enfin, il rend visible une faible description topographique de certaines utopies proches des rhétoriques pastorales.

Le premier type d'espace utopique repéré par Wunenburger correspond à n'en pas douter à un artefact, c'est-à-dire à un espace anti-naturel, un pur construit humain, soit à un monde artificiel fournissant à la communauté humaine un cadre matériel protecteur s'affranchissant des contraintes naturelles et adapté à ses activités politiques, culturelles et économiques. La cité idéale, en tant qu'artefact, révèle que l'homme est en mesure d'imposer ses lois et ses rythmes à la nature, d'humaniser son environnement et de s'éloigner de l'incertitude ontologique du monde (cycles de la nature, maladies, violence…). Dans ce sens, la cité utopique rappelle que l'homme, bien qu'étant un être de nature, est aussi et surtout un être de culture capable d'édifier des lieux sécurisés dans lesquels il dépose ses inventions, ses créations et ses idées. Elle s'oppose à l'action et à la force corrosive du temps. Œuvre d'art d'origine strictement humaine, la ville idéale résulte du geste et de la parole humaine, de l'intervention de la main et de l'esprit. Cadre circonscrit par des frontières spatiales et des hiérarchisations sociales, elle est un espace d'ordre et non de liberté. Dans le prolongement de cette façon paradigmatique de concevoir l'espace utopique, la cité idéale, en tant que forme de vie humaine et exclusivement humaine, oppose à l'incertitude originelle du monde un univers plein de certitudes – aseptisé, maîtrisé, réglé, planifié et entretenu – ou du moins suffisamment humanisé et contrôlé pour que les hommes y trouvent les conditions propices à l'établissement d'une vie sociale harmonieuse et incarnant dans la mesure du possible la perfection.

Il n'y a rien d'étonnant à ce que de nombreux auteurs proposent pour l'agencement urbain de leurs utopies, dans une veine artefactuelle et donc conceptuelle, soit le plan radial, soit le plan orthogonal, tous deux étant en rupture avec l'ordre naturel. Les principes du plan radial mettant en scène des rues ininterrompues et des habitations adossées aux fortifications sont par exemple repris dans la *Cité du Soleil*. Celle-ci n'est toutefois pas une île totalement coupée du monde, et s'apparente plutôt à une place forte, comme celles que se faisaient bâtir les *condottieri* milanais ou vénitiens : sept enceintes fortifiées, dont chacune porte le nom d'une planète, protègent la cité et l'accès de l'une à l'autre est assuré par quatre rues et quatre portes orientées vers les quatre points cardinaux. Au sein de la *Cité du Soleil*, l'influence de la Renaissance se fait ressentir au niveau de l'ornementation : d'immenses peintures didactiques représentant de nombreux aspects de l'humanisme (la carte du monde, les inventions…) recouvrent les enceintes, à la manière d'un vaste musée en plein air. Cette idée de recouvrir les murs de grandes fresques destinées à instruire, à éduquer les enfants pendant qu'ils jouent, se révèlera particulièrement influente par la suite : elle inspirera jusqu'à Lénine !

Dans l'histoire, Hippodamos de Milet (-vᵉ siècle) est certainement l'un des symboles les plus marquants de cette volonté visant à faire de la ville un artefact. Même si la paternité d'Hippodamos de Milet en ce qui concerne le plan urbain en damier (plan hippodaméen) est largement remise en cause aujourd'hui, parce que d'une part, il n'a laissé aucun écrit et que d'autre part, les nombreuses découvertes archéologiques révèlent que la trame orthogonale était déjà en vigueur dans les cités-État (par exemple en Attique) fondées bien avant le -ve siècle [1], son nom reste toutefois attaché à cette volonté d'inscrire de façon précise le cadre conceptuel et matériel d'une cité idéale dans une parfaite concordance entre le tissu urbain, l'organisation politico-sociale et le cosmos. En effet, le coup de force d'Hippodamos a consisté, selon Gilles Lapouge [2], à importer dans le monde sublunaire l'ordre qui règne dans le cosmos – le monde suplunaire. Faire des cités terrestres le pendant de cette logique mathématique dont le ciel contient le modèle souverain, telle est *in fine* l'ambition d'Hippodamos qui fait plier la ville aux commandements de l'intelligence et de la raison, et non aux exigences environnementales, comme les méandres d'un fleuve, les vallonnements du paysage, ou encore les impénétrables massifs forestiers. Devenue pure signature humaine, la ville pensée selon l'architecte Milésien dédaigne le milieu originel, le chaos et le hasard de la nature, pour lui substituer la logique désormais transparente du cosmos :

·

1. La paternité du plan en damier a été traditionnellement attribuée à Hippodamos de Milet en raison d'un passage de l'ouvrage d'Aristote, *Politique*, qui constitue la principale source d'information à son sujet, mais que certains spécialistes considèrent aujourd'hui comme un faux-sens de traduction, la division de la cité s'adressant à la classification des citoyens (artisans, agriculteurs, milice armée) et non à la division de l'espace par des rues en damier.

2. G. Lapouge, *Utopie et civilisations, op. cit.*

Auparavant, les villes étaient sécrétées par la terre, comme la terre sécrète les spires d'un coquillage ou les coulées de la lave. Par Hippodamos, la ville devient un artefact, un ajout, un supplément. Le contour des rues, la disposition des places et des temples y seront calculés avec la même minutie que le profil des rouages, des valves et des clapets chargés, dans une machine mécanique, de doser l'énergie d'un mouvement. L'homme, le groupe social sont arrachés à leur environnement et pris au piège des murs et des maisons, un peu comme la force de l'eau est canalisée par l'agencement des digues, des vannes, des écluses. La machine détruit la nature et la recompose, elle l'asservit à ses ambitions, elle en use comme d'un matériau, l'abolit enfin pour lui préférer une nature seconde. La ville utopique aussi [1].

Celle-ci reflète les tracés du ciel devenus saisissables car considérés maintenant comme des objets de la connaissance rationnelle et scientifique. L'angle droit, absent dans la nature, incarne ainsi la présence céleste au cœur de la ville des hommes.

Le second type d'espace utopique conjugue nature et culture, autrement dit il ne dissocie jamais complètement l'œuvre d'origine humaine qu'est la ville d'une nostalgie relative à une nature bienveillante, féconde et maternelle [2]. Ici la ville n'enferme plus totalement l'individu dans un artifice fonctionnant *stricto sensu* selon les lois de la mécanique. Cette façon de penser la ville utopique est récurrente dans bien des projets d'utopistes sensibles à l'ordre naturel n'ayant pas rejeté radicalement les constructions humaines, les progrès techniques et l'évolution des connaissances scientifiques. On la retrouve notamment dans le projet des cités-jardins d'Ebenezer

1. G. Lapouge, *Utopie et civilisations*, *op. cit.*, p. 15.
2. Cf. *supra*, p. 32 *sq.*

Howard[1], mais aussi dans le modèle de ville éparpillée dans la nature, *Broadacre City*, présenté à New York par Franck Lloyd Wright lors de l'exposition des arts industriels de 1935. Avec *Broadacre City*, il n'est plus question de continuer à étaler la ville à travers de nouvelles banlieues horizontales, mais de proposer une organisation inédite du territoire urbain destinée à réintégrer la campagne au cœur de la ville de façon à obtenir un mariage harmonieux et fusionnel entre nature et culture. Comme tant d'Américains de son époque, Wright était fasciné par un artefact caractéristique de la vie urbaine, l'automobile, et était persuadé de sa capacité à révolutionner la vie dans son ensemble. Il savait surtout que l'automobile ouvrait le champ des possibles en matière d'aménagement urbain. En effet, à partir des nouvelles échelles spatiales et temporelles offertes par la voiture, Wright pensait qu'il était possible de créer de nouvelles communautés sur le territoire des États-Unis. Les questions qui préoccupaient alors le promoteur de l'architecture organique étaient de savoir quelles formes prendraient ces communautés, et si celles-ci permettraient l'épanouissement d'une nouvelle civilisation américaine.

Wright répond à ces interrogations en avançant *Broadacre City*. Celle-ci, comme la cité-jardin d'Howard, est une application du principe de la déconcentration de l'habitat, mais une application si audacieuse que la cité-jardin apparaît alors, en comparaison, sagement traditionnelle. Dans la cité d'Howard, tout est compact, symétrique, urbain, en un mot, centralisé; dans celle de Wright en revanche, on ne distingue aucune ville, on n'y reconnaît pas de centre, pas d'endroit où le site naturel cède le pas à un environnement dominé par l'homme. Au sein de *Broadacre City*, la décentralisation atteint le point où la

1. Cf. *supra*, p. 56 *sq.*

distinction entre rural et urbain n'existe plus. Au lieu du tissu étroitement serré de voisinage tel que Howard le concevait, on repère des centaines de fermes disséminées dans les champs : Wright pense que le lieu de vie dominant du citoyen est la ferme (*homestead*), et que son mode de vie doit être organisé en fonction de celle-ci. Chaque citoyen a le droit d'avoir autant de terrain qu'il peut en utiliser (une acre, soit 40 ares, par personne au *minimum*), et chacun est fermier, à tout le moins pendant une partie de son temps. Par ailleurs, entre les fermes s'infiltrent les institutions et les services – de taille nécessairement réduite – indispensables à l'organisation politique et à l'épanouissement de la vie sociale et culturelle (mairies, écoles, usines, magasins, centres culturels...). « Broadacre City, écrivait Wright, est partout et nulle part. C'est le pays lui-même qui prend vie comme une grande ville »[1]. Au cœur de l'ensemble utopique *Broadacre City*, mêlant création humaine et environnement naturel, la « grande route », connexion privilégiée entre les différents *homesteads*, est isolée par des vergers et des vignobles, protégeant ainsi les habitations, les écoles, les terrains de sport et les usines des nuisances des grandes artères de circulation. L'automobilisation constitue ici l'élément dynamique de tout le dispositif : grâce à la prolifération des voitures, les citoyens n'ont plus besoin de vivre dans des zones urbaines densifiées, tous pouvant parcourir librement et rapidement de grandes distances. Wright entend ainsi intégrer l'ensemble des artifices humains dans un tout cohérent et parfaitement harmonieux avec la nature.

Cette alliance entre nature et culture sous-tend en partie le *new urbanism*, lequel se donne pour objectif d'intégrer la

1. F.L. Wright, B. Brownell, *Architecture and Modern Life*, Atlanta, C. Dickens Rare, 2006.

ville, les zones d'activités et les espaces naturels. Dans le sillage de ce courant urbanistique dont le premier Congrès s'est tenu en 1993, le *landscape urbanism* popularisé par James Corner[1] se propose de ne plus considérer la ville et ses territoires (internes et externes) comme une entité statique, mais comme un ensemble composite et dynamique, comme un enchevêtrement d'espaces (humains, naturels et hybrides) au sein desquels s'interconnectent différentes échelles spatio-temporelles, qu'il s'agit de faire coexister dans un ensemble interactif.

Les projets urbains d'aujourd'hui soucieux de répondre aux principes du développement durable cherchent dans leur très grande majorité à articuler nature et culture[2]. Ainsi en est-il de la future écoville de *Dongtan*, mise en chantier près de Shanghaï, qui répond à cet «impératif de durabilité». Construite sur l'île de Chongming, Dongtan accueillera entre 50 000 et 80 000 habitants en 2010, puis 500 000 en 2050. Elle assurera son autonomie énergétique grâce aux éoliennes, à la biomasse et au solaire. Les transports seront électriques, le recyclage sera intégral et la surface bâtie ne représentera que 60% de la superficie de cette ville verte. Dongtan, vitrine de la Chine, devrait servir de modèle pour les autres villes qui sortiront de terre dans les 50 décennies à venir. Par ailleurs, comment ici ne pas penser aux épures de cité végétale de l'architecte belge Luc Schuilten[3] qui entendent montrer, non

1. J. Corner, «Landscape urbanism», dans *Landscape urbanism. A Manual for the Machinic Landscape*, M. Mostafavi et C. Najle (éds.), Architectural Association, 2003.

2. J.-M. Stébé, «Utopies urbaines», dans J.-M. Stébé, H. Marchal, *Traité sur la ville*, Paris, PUF, 2009, p. 561-623.

3. L. Schuilten, *Vers une cité végétale*, Wavre, Mardaga, 2010.

sans rappeler certaines propositions de Le Corbusier comme celle des toits terrasses végétalisés, le chemin à suivre en vue de garantir une ville durable où la nature réinvestira progressivement au cours des décennies à venir les artefacts urbains pour les envelopper et les innerver dans leurs moindres interstices.

Le troisième type d'espace, reprenant les rhétoriques pastorales de la littérature poétique, est assez peu détaillé par les utopistes, lesquels se contenteront en effet d'observer et d'imaginer l'ordre naturel, source d'inspiration. Cette manière de faire œuvre d'utopie n'est pas s'en rappeler la référence à un état de nature telle que nous la retrouvons chez Jean-Jacques Rousseau entre autres, et plus particulièrement dans son *Discours sur l'origine de l'inégalité*[1]. Ce recours aux représentations d'une innocence naturaliste, constitutives de la vulgate rousseauiste, structurera de nombreux projets du XIXe et du début du XXe siècles s'apparentant à des utopies sociales. À ce propos, William Morris[2], qui a eu pour maître spirituel l'écrivain John Ruskin, affirmera sa haine contre la civilisation moderne et contre tout ce qu'elle produit : objets manufacturés, machines-outils… Il proposera logiquement de repenser le système industriel afin de renouer avec les principes observés dans la nature. Par ailleurs, dans le sillage des rêves bucoliques rousseauistes, le retour à la terre sous-tendra des projets de société relevant largement de l'imaginaire utopique. Par exemple, la terre apparaît comme un symbole central dans la

---

1. J.-J. Rousseau, *Discours sur l'origine de l'inégalité*, Paris, LGF-Livre de Poche, 1996.

2. W. Morris, à propos duquel on attribuera un style propre labellisé *Arts and Crafts*, deviendra à la fin du XIXe siècle l'un des principaux représentants du mouvement socialiste anglais.

cité ouvrière de New Lanark réalisée par l'industriel gallois et militant chartiste Robert Owen au début du XIXe siècle, cité au sein de laquelle les ouvriers étaient censés se purifier grâce au travail salutaire des champs.

Dans le même esprit, le député français Jules Lemire, ecclésiastique de son état qui deviendra « la soutane la plus populaire de France »[1], apporte son concours aux sociétés de construction ouvrière et aux Habitations à bon marché (HBM)[2], tout en réalisant son programme terrianiste et en faisant ainsi du jardin ouvrier une véritable institution. Il créé en 1897 la *Ligue du coin de terre et du foyer* (LCTF) dont les objectifs sont clairement affirmés dans ses statuts : « Étudier, propager et réaliser par les moyens en son pouvoir toutes les mesures propres à établir la famille sur sa base naturelle et divine qui est la possession de la terre et du foyer ». Dans le cadre de sa lutte en faveur des jardins ouvriers, l'abbé Lemire structure son argumentaire à partir des thèses de l'auteur de *La Réforme sociale* Frédéric Leplay, notamment en ce qui concerne sa conception de la famille et sa vision négative à l'égard du partage forcé. Dans cette mouvance traditionaliste, il développe toute une idéologie autour de quelques thèmes : excellence de la terre, fruit de la création, compagne naturelle de l'homme, valeur salvatrice du travail de la terre à l'opposé du travail industriel[3].

1. M. Decamps, G. Louchart, « L'abbé Lemire : fondateur, animateur et président de la ligue du coin de terre et du foyer », dans B. Cabedoce, P. Pierson (dir.), *Cent ans d'histoire des jardins ouvriers*, Paris, Créaphis, 1996.

2. Les ancêtres des Habitations à loyer modéré (HLM).

3. J.-M. Mayeur, « L'abbé Lemire et le terrianisme », dans B. Cabedoce, P. Pierson (dir.), *Cent ans d'histoire des jardins ouvriers, op. cit.*

L'ancrage temporel des utopies

La possibilité même de définir trois types d'espace utopique sont la preuve, pour Wunenburger, que le registre de l'imaginaire dans lequel s'inscrivent, d'une façon ou d'une autre, les utopistes ne peut s'affranchir d'une figuration spatiale ou plus précisément d'une indexation à la matérialité de l'espace. En écho à celle-ci, et c'est là toute la thèse du philosophe, l'utopie, parallèlement à son inscription dans le monde physique, ne peut se soustraire à un nécessaire ancrage temporel :

> Symétriquement à la spatialité, et de manière presque plus insistante, la temporalité se donne aussi comme coordonnée constitutive de l'utopie, heurtant ainsi de front l'analyse traditionnelle d'une uchronie, d'un déploiement d'une figure purement spatiale, surplombant l'histoire sans pouvoir s'y attarder et y descendre [1].

Alors que le temps mythique se veut cyclique et apparaît toujours sur le mode du regret et de la nostalgie, tel le souvenir d'une perte irréversible d'un monde parfait, le temps utopique se caractérise quant à lui par une temporalité qui est dans son essence projet, ou plus exactement, insiste Wunenburger, « pro-jet ». En effet, ne pas prendre en compte ce dynamisme historique ouvert sur l'avenir revient selon le philosophe à confondre l'intemporalité propre à la cité idéale en tant que telle plongée dans une perfection synonyme d'une fin de l'histoire, avec la temporalité de la « conscience utopique » qui prophétise la réalisation de la ville idéale à un moment ou à un autre. L'imaginaire utopique, de ce point de vue, ne rejette pas le temps, mais une vision particulière de celui-ci, plus spécifi-

---

1. J.-J. Wunenburger, *L'utopie ou la crise de l'imaginaire*, *op. cit.*, p. 66.

quement la dimension passéiste du temps. Dans une utopie, le temps

> n'est plus l'englobant, mais le potentiel, qui se compose non d'après ce qui est déjà advenu, mais d'après ce que l'on veut faire advenir. L'utopie apparaît bien comme une intense prise en main de la temporalité, comme l'administration du possible [1].

Afin de mettre en évidence les rapports au temps de l'imagination utopique, ou plutôt les rapports à l'avenir, Wunenburger propose trois façons idéal-typiques de concevoir le futur. Tout d'abord, de façon paradigmatique, les utopistes ont souvent eu tendance à projeter l'espérance d'un monde meilleur, pour ne pas dire parfait, dans un lointain indécis, incertain et presque indicible dans la mesure où il reste prisonnier d'un état de latence, comme hors d'atteinte. Puis, les auteurs d'utopies pensent leurs projets de cité idéale non sans lien avec une conscience historique, avec une possibilité de produire une altercation avec l'ordre établi, ce qui les inscrit de fait dans un temps plus proche et circonscrit tel qu'on le retrouve généralement dans les courants millénaristes [2]. Enfin, les utopistes inscrivent parfois leur idéal social dans un temps immédiat, dans lequel le présent peut à tout moment se substituer au futur, revêtir les habits de l'immanence et de l'actualité, en lien avec une volonté de renverser rapidement l'ordre social, de sorte que l'expérience utopique porte en elle un dessein révolutionnaire, un désir pressant d'alternance radicale.

À bien y regarder, l'insistance de Wunenburger sur l'ancrage temporel de l'utopie ne se fait qu'au prix d'un élargissement conceptuel, si bien qu'on peut se demander si à

---

1. J.-J. Wunenburger, *L'utopie ou la crise de l'imaginaire*, *op. cit.*, p. 68.
2. Cf. *supra*, p. 15 *sq.*

vouloir regrouper sous le mot « utopie » des projets relevant du messianisme ou du millénarisme et des actions destinées à révolutionner la société, on ne court pas le risque de passer du concept à une notion par définition davantage indécise, susceptible de s'apparenter à une sorte de mot valise, peu à même de donner à voir ce qu'est précisément une utopie. À cet égard, comment ne pas penser ici aux propos de Servier quand il écrit :

> Trop souvent, en effet, le mot d'utopie a servi, sert, de fourre-tout où des auteurs entassent, au gré de leur imaginaire, des faits sociaux aussi disparates que les mouvements millénaristes, les projets politiques les plus divers pourvu qu'ils tendent à modifier la société, sinon à l'améliorer, ou des groupements communautaires, des communautés fragiles aux orientations les plus diverses [1].

D'une façon générale, pour Wunenburger, l'imaginaire utopique s'apparente à une mentalité d'autant plus partagée dans la société qu'elle se déploie de façon souterraine, autrement dit la conscience utopique procéderait d'une non conscience de ce qui est à son fondement même. Cette position épistémologique, qui consiste à considérer l'imaginaire utopique dans les termes d'une sorte d'épistémé foucaldien ou de socle culturel imposant une manière de penser le monde, attribue de fait à cette forme d'imaginaire qu'est l'utopie une solidité, une dureté ou une consistance qui, au regard de l'histoire, semble contestable. En effet, il n'est pas certain que les utopistes soient à ce point les pionniers et les révélateurs d'une façon durable de penser le monde, tout simplement parce que leurs projets quels qu'ils soient n'ont trouvé que peu

---

1. J. Servier, *L'utopie*, *op. cit.*, p. 4.

d'écho, voire pas du tout, tant parmi les acteurs politiques, économiques qu'institutionnels ou encore médiatiques. Force est de constater que l'utopie comme forme de l'imaginaire ne peut être assimilée à un fait social au sens d'Émile Durkheim, c'est-à-dire une manière de penser, de faire et de sentir extérieure aux individus et capable de s'imposer à eux en vertu d'une force de coercition[1]. Au contraire, les utopistes, constatant que leur vision du bonheur était loin de s'imposer et de se diffuser facilement au sein de la société, n'ont eu de cesse d'insister, de proclamer et même de marteler leur message destiné à créer un monde meilleur, harmonieux et vertueux. La vision déterministe de Wunenburger, postulant «une conscience utopique qui s'insinue dans les instances culturelles les plus autonomes ou les plus rationnelles en apparence »[2], est, nous semble-t-il, dans une large mesure difficilement soutenable, preuve en est que nous devons, aujourd'hui encore, lire et relire les utopistes en vue de faire vivre leur pensée. De ce point de vue, le savoir utopique, humain, trop humain, ne parvient pas à revêtir les habits du sacré, si bien qu'il ne peut se réifier et donc se réclamer d'une quelconque transcendance.

1. É. Durkheim, *Les règles de la méthode sociologique*, *op. cit.*
2. J.-J. Wunenburger, *L'utopie ou la crise de l'imaginaire*, *op. cit.*, p. 77.

TABLE DES MATIÈRES

DANS LA MÊME COLLECTION

Imprimerie de la Manutention à Mayenne (France) - Juin 2011 - N° 676092D
Dépôt légal : 2ᵉ trimestre 2011